城市轨道交通"英"系列技能教材

城市轨道交通行车值班员

CHENGSHI GUIDAO JIAOTONG XINGCHE ZHIBANYUAN

主编 钱曙杰 俄文娟
参编 杨 娜 姚林泉 金菊华 周孟祥
　　　王 群 金亭玉 顾 弋 沈文海
　　　卢 忆

苏州大学出版社
Soochow University Press

图书在版编目(CIP)数据

城市轨道交通行车值班员/钱曙杰,俄文娟主编. --苏州：苏州大学出版社,2023.7(2025.4重印)
城市轨道交通"英"系列技能教材
ISBN 978-7-5672-4350-7

Ⅰ.①城… Ⅱ.①钱… ②俄… Ⅲ.①城市铁路－行车组织－职业培训－教材 Ⅳ.①U239.5

中国国家版本馆CIP数据核字(2023)第119468号

书　　名：	城市轨道交通行车值班员
主　　编：	钱曙杰　俄文娟
责任编辑：	管兆宁
装帧设计：	刘　俊
出版发行：	苏州大学出版社(Soochow University Press)
社　　址：	苏州市十梓街1号　邮编：215006
印　　装：	苏州市古得堡数码印刷有限公司
网　　址：	http://www.sudapress.com
邮购热线：	0512-67480030
销售热线：	0512-67481020
开　　本：	787 mm×1 092 mm　1/16　印张：13.5　字数：249千
版　　次：	2023年7月第1版
印　　次：	2025年4月第2次印刷
书　　号：	ISBN 978-7-5672-4350-7
定　　价：	55.00元

若发现印装错误,请与本社联系调换。
服务热线：0512-67481020
苏州大学出版社邮箱　sdcbs@suda.edu.cn

城市轨道交通"英"系列技能教材编委会

主　　任　金　铭

副 主 任　史培新

编　　委　陆文学　王占生　钱曙杰　楼　颖
　　　　　　　蔡　荣　朱　宁　范巍巍　庄群虎
　　　　　　　王社江　江晓峰　潘　杰　戈小恒
　　　　　　　陈　升　虞　伟　刘农光　蒋　丽
　　　　　　　李　勇　张叶锋　王　永　王庆亮
　　　　　　　查红星　胡幼刚　韩建明　冯燕华
　　　　　　　鲍　丰　孙田柱　凌　扬　周　礼
　　　　　　　毛自立　矫甘宁　凌松涛　周　赟
　　　　　　　姚海玲　谭琼亮　汪一鸣　姚林泉
　　　　　　　金菊华　王志强　俄文娟　崔建荣

序

习近平总书记指出："城市轨道交通是现代大城市交通的发展方向。发展轨道交通是解决大城市病的有效途径，也是建设绿色城市、智能城市的有效途径。"习近平总书记的重要讲话指明了城市轨道交通的发展方向，是发展城市轨道交通的根本遵循。

当前，城市轨道交通正在迈入智能化的新时代。对此，要求人才培养工作重视高素质人才、专业化人才的培养和广大员工信息化知识的普及教育。如何切实保障城市轨道交通安全运行？如何提升城市轨道交通的服务质量和客户满意度？如何助推交通强国建设？这是摆在我们面前的重要任务。

苏州是我国首个开通轨道交通的地级市，多年来，苏州市轨道交通集团有限公司坚持以习近平新时代中国特色社会主义思想为指导，牢记"为苏州加速，让城市精彩"的使命，深入践行"建城市就是建地铁"的发展理念，坚持深化改革和推动高质量发展两手抓，在长三角一体化发展、四网融合、区域协调发展等"国之大者"中认真谋划布局苏州轨道交通事业，助推"区域融合"，建立沪苏锡便捷式、多通道轨道联系。截至2023年，6条线路开通运营，运营里程突破250千米；在建8条线路如期进行，建设总里程达210千米。"十四五"时期是苏州轨道交通发展的关键期，面对长三角一体化发展、面对人民群众的期盼，苏州轨道交通事业面临各种挑战和机遇，对人才队伍的专业技能和整体素质也提出了更高要求。

苏州轨道交通处于建设高峰期，对人才的需求更加迫切。苏州市轨道交通集团有限公司一直高度重视人才培养和高素质人才队伍建设，特别推出了城市轨道交通"慧"系列管理教材和"英"系列技能教材。

"慧"系列管理教材包括管理基础、管理能力、管理方法、创新能力、企业文化等方面的内容，涵盖了从管理基础的学习到创新能力的培养，从企业文化的塑造到管理方法的运用，为城市轨道交通行业的管理人员全面、系统地学习管理知识和提升管理能力提供了途径。

"英"系列技能教材包括行车值班员、行车调度员、电客车司机、安全实践案例分析、消防安全等方面的内容，为城市轨道交通行业的从业人员技能培训和安全意识提升提供了途径，为城市轨道交通行业的安全和服务质量提供了重要的保障。

这两个系列教材，顺应轨道交通事业发展要求，契合轨道交通专业人才特点，聚焦管理基础和技能提升，融合管理资源和业务资源，兼具苏州城市和轨道专业特色，具有很好的实践指导性，对于促进企业管理水平提升、培养高素质管理人才和高水平技能人才将会起到实实在在的推动作用。

这两个系列教材可供轨道交通相关企业培训使用，也可作为院校相关专业教学用书。

这两个系列教材凝聚了编写组人员的心血，是苏州轨道交通优秀实践经验的凝练和总结。希望能够物尽其用，充分发挥好基础性、支撑性作用，促进城市轨道交通技能人才培养，推动"轨道上的苏州"建设，助力"强富美高"新苏州现代化建设，谱写更加美好的新篇章。

中国城市轨道交通协会常务副会长

前言 Preface

伴随着我国城市化进程的加速，城市交通问题日益加剧。鉴于轨道交通的安全、准点、节能、环保和运能大等特点，发展以轨道交通为骨干的城市公共交通系统已成为解决城市交通问题的共识。城市轨道交通在我国各城市的快速建设和发展，逐渐成了缓解城市拥堵、改善人民出行、提供就业机会、推动资源整合、促进国民经济发展的重要行业。截至2022年年底，我国（不含港、澳、台地区）开通城市轨道交通的城市共55座，运营里程达10 287.45千米。快速发展的城市轨道交通，带来了巨大的人才需求，结合这种实际情况，如何构建完善、科学、先进的人才培养体系，快速、高效地培训优秀的轨道交通运营管理人员，将关系到轨道交通的安全运营和未来发展。

行车值班员（简称"行值"）作为站务系列的一线工作人员，负责城市轨道交通车站设备的控制、车站行车和客运组织，以及协助开展施工作业等工作。行车值班员是一个车站控制系统的中枢，通过车站广播、车站闭路监视系统、车站各种设备仪器来传递信息，协调各部门的各工种之间的工作，以保证轨道列车的运行安全和正点。

本教材在综合车站工作相关专业基础知识的情况下，系统而详细地阐述了行车值班员需要掌握的车站设备操作、行车组织及安全管理等相关知识。本教材的编写结合了相关规章制度的内容，并根据行车值班员的岗位特点做了相应的调整、修改和提炼，以期达到对苏州轨道交通行车值班员理论培训的要求。

本书由苏州市轨道交通集团有限公司和苏州大学轨道交通学院共同组织编写。编写过程中，编者参阅了国内外大量文献资料，在此，我们对相关作者表示衷心感谢。本书的编写和出版得到了苏州市轨道交通集团有限公司、苏州大学轨道交通学院、苏州大学出版社的大力支持，在此也一并表示感谢。鉴于行业习惯和实际表达需要，书中许多专业术语使用了缩写和简写，并在附录提供了注释。

  鉴于水平和经验上的局限性，书中错漏之处在所难免，期待广大读者和同行批评指正，提出宝贵意见。

编　者

目录 CONTENTS

项目一 **车站设备** …………………………………………………… 1

 知识学习 ………………………………………………………… 1

  一、车站 ……………………………………………………… 1

  二、供电系统 ………………………………………………… 4

  三、站台门控制系统 ………………………………………… 6

  四、通风空调系统 …………………………………………… 10

  五、给排水系统 ……………………………………………… 12

  六、电扶梯系统 ……………………………………………… 14

  七、自动售检票系统 ………………………………………… 15

  八、综合监控系统 …………………………………………… 17

  九、火灾报警系统 …………………………………………… 24

  十、消防联动控制系统 ……………………………………… 25

  十一、气体灭火系统 ………………………………………… 26

 技能实训 ………………………………………………………… 30

  实训1 车站开、关站程序 …………………………………… 30

  实训2 综合监控子系统监视操作 …………………………… 32

 项目训练 ………………………………………………………… 34

项目二 **行车基础** …………………………………………………… 35

 知识学习 ………………………………………………………… 35

  一、轨道结构 ………………………………………………… 35

  二、线路 ……………………………………………………… 39

三、信号系统 ········· 43
　　四、通信系统 ········· 50
　　五、行车标志 ········· 54
　　六、行车作业信号 ········· 56
　技能实训 ········· 66
　　实训1　道岔故障处置 ········· 66
　　实训2　人工办理进路 ········· 68
　项目训练 ········· 69

项目三　安全基础知识 ········· 70

　知识学习 ········· 70
　　一、安全生产管理概述 ········· 70
　　二、员工通用安全 ········· 76
　　三、消防安全管理 ········· 80
　　四、应急管理 ········· 83
　技能实训 ········· 86
　　实训1　城市轨道交通运营安全情况检查表 ········· 86
　　实训2　清客及区间疏散行车组织规定 ········· 89
　项目训练 ········· 91

项目四　列车运行组织 ········· 92

　知识学习 ········· 92
　　一、列车运行概述 ········· 92
　　二、列车运行计划 ········· 93
　　三、列车运行图 ········· 98
　　四、正常情况下的列车运行组织 ········· 106
　　五、非正常情况下的列车行车组织 ········· 107
　技能实训 ········· 112
　　实训　根据列车运行图办理列车进站 ········· 112
　项目训练 ········· 113

项目五　车站行车组织 ……………………………………………… 114

知识学习 ……………………………………………………… 114
　　一、车站行车组织指挥体系 …………………………………… 114
　　二、行车值班员 ………………………………………………… 116
　　三、车站人机界面操作 ………………………………………… 118
　　四、电话闭塞法行车作业 ……………………………………… 129
　　五、行车报表制度 ……………………………………………… 132
　　六、调度命令 …………………………………………………… 133
　　七、正常情况下的行车组织 …………………………………… 136
　　八、非正常情况下的行车组织 ………………………………… 139

技能实训 ……………………………………………………… 143
　　实训1　电话闭塞法 …………………………………………… 143
　　实训2　电话闭塞法站台接发车作业 ………………………… 145

项目训练 ……………………………………………………… 147

项目六　车站施工管理 ……………………………………………… 148

知识学习 ……………………………………………………… 148
　　一、施工术语与定义 …………………………………………… 148
　　二、施工计划分类 ……………………………………………… 150
　　三、车站施工组织 ……………………………………………… 150

技能实训 ……………………………………………………… 158
　　实训1　施工防护设置 ………………………………………… 158
　　实训2　施工调度系统 ………………………………………… 160
　　实训3　施工区域集中授权区域封锁、解封 ………………… 162

项目训练 ……………………………………………………… 163

项目七　车站乘客服务 ……………………………………………… 164

知识学习 ……………………………………………………… 164
　　一、乘客信息系统 ……………………………………………… 164
　　二、拾遗物品管理 ……………………………………………… 166

三、票务组织管理系统 …………………………………………… 170

技能实训 …………………………………………………………………… 172

　　实训1　广播作业实训 …………………………………………… 172

　　实训2　LED应急信息发布 ……………………………………… 173

项目训练 …………………………………………………………………… 174

项目八　突发事件（事故）应急措施及分类 …………………………… 175

知识学习 …………………………………………………………………… 175

　　一、突发事件（事故）应急定义 ………………………………… 175

　　二、工作原则 ……………………………………………………… 176

　　三、事故预防及处理 ……………………………………………… 176

　　四、突发事件应急预案的分类 …………………………………… 178

　　五、突发事件应急预案的分级 …………………………………… 178

　　六、突发事件的分级响应条件 …………………………………… 179

　　七、应急处置指挥权 ……………………………………………… 181

　　八、应急信息汇报 ………………………………………………… 181

　　九、突发事件信息汇报流程 ……………………………………… 182

　　十、抢修 …………………………………………………………… 184

技能实训 …………………………………………………………………… 185

　　实训1　信息传递 ………………………………………………… 185

　　实训2　行车备品使用 …………………………………………… 187

　　实训3　空气呼吸器操作 ………………………………………… 189

项目训练 …………………………………………………………………… 191

参考答案 …………………………………………………………………………… 192

附录　部分专业术语对照表 ……………………………………………………… 199

项目一 车站设备

学习目标

(1) 了解车站的分类、主要设备及功能；
(2) 掌握综合监控系统的主要功能及内容。

技能目标

(1) 掌握车站设备的基本知识、原理；
(2) 熟练掌握车站各系统操作与监控作业；
(3) 正确处理非正常情况，保障运营安全。

知识学习

一、车站

(一) 车站简介

车站是城市轨道交通中的重要组成部分，是乘客出行乘坐列车的始发、终到及换乘地点，它必须具有供乘客乘降、换乘的功能。车站又是客流集散的场所，某些车站还必须提供折返、停车检修、临时待避的功能。因此，城市轨道交通的车站既要能安全、迅速、方便地组织乘客进出，又要能全面、可靠、机动地满足运营要求。

车站的运输生产活动主要由行车作业和客运作业两部分组成。车站行车作业包括接发列车作业、列车折返作业等。车站客运作业包括售检票、组织乘客乘降和换乘作业等。

车站的分类可从不同的角度进行。就车站作业而言，主要是按运营功能和是否具有站控功能分类。

（二）车站配置原则

（1）最大程度吸引客流。要求设置位置合适，设备完善，服务水平高。

（2）按远期运量需求进行设计。远期运量需求一般指通车后 10~15 年的高峰小时客流量，以此为标准设计客运需求量。个别车站（如火车站、体育馆）可按极限运量需求来设计。

（3）预留适当的能力余地。满足高峰时段密集到达（出发）的需要（超高峰时段的需要），并能应对远期运量波动的需要。

（4）最低程度占用地面面积。应尽可能降低投资费用，满足施工条件限制，如能设置在地面，则不设置在地下；车站设施以实用高效为主，装饰功能为辅。

（三）车站组成及功能

城市轨道交通车站一般由出入口、站厅、站台、车站用房、车站设备设施组成，其平面布置应贯彻紧凑、合理、适用的原则。

1. 出入口

出入口是乘客进出车站的通道，出入口的位置应满足城市规划及交通的要求，选择人流集中的地点，出入口应尽量与城市过街地道相结合，与地下商场、公共建筑楼群相连通，以方便乘客和过街行人。

2. 站厅

站厅主要功能为集散乘客、售检票、服务，设置管理与设备用房。一般情况下，地下一层为站厅层，高架站、地面站地上一层为站厅层。

3. 站台

站台主要供乘客乘降、集散客流，作短暂的停留候车。车站站台形式有：岛式、侧式和混合式三种。

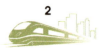

（1）岛式站台（图 1-1）：站台位于上下行线路之间。

图 1-1　岛式站台示意图

（2）侧式站台（图 1-2）：站台分别位于上下行线路两侧。

图 1-2　侧式站台示意图

（3）混合式站台（图 1-3）：既有岛式站台，又有侧式站台。

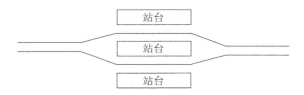

图 1-3　混合式站台示意图

岛式和侧式站台的优缺点比较如表 1-1 所示。

表 1-1

岛式站台	侧式站台
站台利用率高，起分散人流的作用，在相向列车不同时到达时，可相互调节，但同时到达时，容易引起交错混乱，甚至乘客乘错方向	两站台分别利用，利用率低，但相向的人流不交叉，不易乘错车，对客流不起调节作用
管理集中方便，便于旅客中途折返	工作人员增加，管理分散不方便，对旅客中途折返不方便，须经天桥、地道或地面才能折返
须设中间站厅，结构较复杂，建筑费用大	可不设中间站厅，结构较简单，建筑费用低
建筑艺术处理较好，空间完整，气魄大，站台延长工程困难	在建筑艺术处理上空间较分散，站台延长工程较容易

4. 车站用房

车站用房一般由车站控制室、会议交接班室、票务室、站长室等生产管理用房及通信设备室、屏蔽门控制室等设备用房组成。

5. 车站设备设施

车站设备设施包括供电系统、站台门/安全门系统、通风空调系统、给排水系统、电扶梯系统、自动售检票系统、综合监控系统等。

二、供电系统

(一) 供电系统简介

城市轨道交通供电系统是为城市轨道交通运营提供所需电能的系统，不仅为电动列车提供牵引用电，而且还为运营服务的其他设施提供电能，如照明、通风、空调、给排水、通信、信号、防灾报警、自动扶梯等。供电系统应具备安全可靠、技术先进、功能齐全、调度方便和经济合理等特点。

(二) 供电系统主要组成及功能

供电系统包括外部电源、主变电所、牵引供电系统、动力照明供电系统、电力监控系统等。

1. 外部电源

城市轨道交通供电系统的外部电源就是为城市轨道交通供电系统主变电所供电的外部城市电网电源。外部电源方案的形式有集中式供电、分散式供电和混合式供电。其中集中式供电通常从城市电网 110 kV 侧引入两回电源，按照设计规范要求，至少有一回电源为专线。苏州轨道交通线网供电系统主要采用集中式 110 kV/35 kV 两级电压供电，牵引、动力照明混合网络供电方式。

2. 主变电所

主变电所的功能是接受城市电网高压电源（通常为 110 kV），经降压为牵引变电所、降压变电所提供中压电源（通常为 35 kV 或 10 kV），主变电所适用于集中式供电。主变电所接线方式为线变式或桥型接线。

3. 牵引供电系统

牵引供电系统的功能是将交流电经降压整流变成直流 1 500 V 或直流 750 V 电压，为地铁列车提供牵引供电。系统包括牵引变电所与牵引网。牵引网包括接触网、回流

网和连接电缆。接触网有架空接触网（直流 1 500 V）和接触轨（直流 1 500 V 或 750 V）两种悬挂方式。大多数工程利用走行轨兼作回流网，少数工程单独设置回流轨。

> **小贴士**
>
> **接触网小知识**
>
> （1）接触网采用架空接触网时，车辆段和高架采用柔性架空接触网，隧道采用刚性架空接触网。
>
> （2）接触网分区标识规定为：上行线用字母 A 加数字标识，下行线用字母 B 加数字标识，辅助线用字母 C 加数字标识，车场用字母 D 加数字标识（同一条线车辆段与停车场数字不允许重复）。
>
> （3）接触网导线距轨面的标准距离：隧道内为 4 040 mm；隧道口至车场接触线悬挂点逐渐抬升到距轨面高度 5 000 mm；车场月检库接触线悬挂点不低于 5 000 mm。
>
> （4）接触网正常供电方式有双边供电和单边供电两种；在非正常情况下，可采取越区供电方式。

4. 动力照明供电系统

动力照明供电系统的功能是将交流电压（35 kV 或 10 kV）降压变成交流 220/380 V 电压，为运营需要的各种机电设备提供电源。

一般地，车站低压配电系统采用 380 V 三相五线制、220 V 单相三线制方式供电，系统范围大致包括站台层、站厅层和设备及管理用房的环控、给排水、消防、电梯、自动扶梯、自动售检票及通信、信号、站控室等系统动力设备的供配电和车站环控室所供配电设备的电控控制。

动力照明等用电负荷按照供电可靠性要求及失电影响程度，分为一级负荷、二级负荷、三级负荷。各级负荷设备包括：

（1）一级负荷：消防用电、防灾报警、消防泵、事故风机、通信、信号、售检票机、事故照明、兼作紧急疏散用自动扶梯。

（2）二级负荷：普通风机、空调机组、排水泵、污水泵、普通自动扶梯、直升电梯、一般照明。

（3）三级负荷：冷冻机组、冷冻冷却泵、电热设备、广告照明、清洁设备。

5. 电力监控系统

电力监控系统由设置在控制中心的电力监控调度系统、设置在沿线变电所的综合自动化系统以及连接它们的通信通道构成，其功能是实时对城市轨道交通变电所、接触网设备进行远程数据采集和监控。城市轨道交通控制中心，通过调度端、通信通道和变电所综合自动化系统对主要电气设备进行四遥控制，实现对整个供电系统的运营调度和管理，具体功能包括遥控、遥信、遥测、遥调，并具备数据传输及处理、报警处理、统计报表、用户画面、自检、维护和扩展、信息查询、安全管理、系统组态、在线检测、时钟同步、培训等功能。

三、站台门控制系统

（一）站台门控制系统简介

站台门控制系统安装在站台边缘，形成将站台区域与轨道区域隔开的一道屏障。当列车正确停靠车站时，与列车车门相对应的站台门将与车门同时开启，使乘客可以上下列车，在列车车门关闭时站台门也同时关闭，可以在列车离站后保持站台区域与轨道区域的隔离，为乘客提供一个更安全、更安静、更舒适的乘坐环境。同时站台门的应用还可以为轨道交通的运营者节约运营的成本。站台门控制系统的构成及功能有：

（1）站台门系统由机械和电气两部分构成，机械部分包括门体结构和门机传动系统，电气部分包括电源系统、控制系统及监视系统。

（2）站台门门体结构由承重结构、门槛、顶箱、滑动门、固定门、应急门和端门组成。

（3）站台门的滑动门与列车客室门在位置、数量上对应。运营中将每侧站台门滑动门的编号为：按照站台运行正方向从头端界开始至尾端界依次为 1-1~1-X…N-1~N-X（N 为车厢号，X 为该节车厢第 X 个车门对应的滑动门号）。

（4）站台门具有障碍物检测及处理功能，并有障碍物故障报警功能。

（5）站台端头控制盒（PSL）、车控室综合后备盘（IBP）可进行整列站台门手动开关操作，滑动门就地控制盒（LCB）可以对单个滑动门进行手动开关和隔离，站台侧可用专用钥匙手动打开滑动门、应急门和端门，在轨道侧可以通过紧急解锁装置打开滑动门、应急门和端门。

（6）站台门与列车之间存在电位差。为确保乘客和工作人员的安全，在站台门与车辆之间设置等电位装置，通过电缆与钢轨相互连接消除电位差。

（7）站台门开关门优先级控制由低到高分别为：车站级自动控制（信号系统发送开关门命令）、站台 PSL 控制、车站 IBP 控制、滑动门 LCB 控制、滑动门手动控制。

（8）在移动闭塞法组织行车时，全自动驾驶模式、蠕动驾驶模式、电客车自动驾驶（ATO）模式或转自动防护（ATP）监督下人工驾驶模式进站并准确对标停车后，可以实现车门与站台门联动开关功能。ATO 模式下，由信号系统自动发出开门指令，ATP 监督下人工驾驶模式下，由信号系统发出或司机按压开门指令；在进路闭塞法和区段闭塞法组织行车时，司机或站务人员需到站台操作 PSL 打开站台门。

> **小贴士**
>
> ### 滑动门
>
> （1）滑动门与正常停车位时的列车车门一一对应，并在列车停车精度 ±300 mm 时不影响乘客的正常上下车。
>
> （2）滑动门可以满足三级控制方式要求，即车站级控制、站台级控制和手动操作，手动操作优先级最高，其次为站台级控制。
>
> （3）滑动门在轨道侧设有手动解锁装置，在站台侧应设有钥匙开关，当车站级控制和站台级控制失败，如电源供应或控制系统故障门不能自动打开时，乘客可从轨道侧手动开门。
>
> ### 固定门
>
> （1）固定门设置在滑动门与滑动门之间、滑动门与端门之间，在站台公共区与隧道区域之间起隔离作用。
>
> （2）固定门与周边立柱、门楣、门槛之间的缝隙采用橡胶条密封。
>
> ### 应急门
>
> （1）应急门隔断站台和轨道，有门锁装置，在紧急情况下允许采用手动打开，即站台工作人员可在站台侧用"通用"钥匙、乘客在轨道侧推压开门推杆将门打开。

(2) 正常运营状态下，应急门应保证关闭且锁紧，在公共区与隧道区之间起隔离作用；当列车进站无法对准滑动门时可作为乘客应急疏散通道。

(3) 应急门未"关闭且锁紧"情况下，该扇应急门相邻滑动门的状态指示装置会发出声光报警。

端　门

(1) 端门是车站工作人员在站台和轨道之间的主要进出通道，同时兼顾紧急情况下疏散乘客的要求，端门上没有门锁装置，在紧急情况下允许手动打开，即工作人员可在站台侧用"通用"钥匙、乘客在轨道侧推压开门推杆将门打开。

(2) 端门打开后能自动复位至关闭。开门推杆设有明显的指示标识。

（二）站台门控制系统模式及优先级

站台门控制系统满足站台门在正常和非正常状态下的安全、可靠运行，在紧急状态下能保证乘客安全疏散。站台门控制系统以车站为单位构成独立的监控系统，具备抗电磁干扰的能力。

站台门控制系统有四种控制方式：系统级控制、车站级控制、站台级控制和就地级控制，此四种控制方式可分别实现站台门的三种运行模式，即正常运行模式、非正常运行模式、紧急运行模式。

1. 系统级控制

系统级控制应用于正常运行模式，此时，站台门系统和信号系统及二者间的接口设备等都处于正常状态。

在开/关门过程中，站台门都需要进行防夹检测，如果检测到滑动门被夹，则认为该滑动门在开/关时遇到了障碍物，于是中央控制盘（PSC）撤销开/关门命令，滑动门停止动作复位并延迟3 s（时间可调），再重新开/关滑动门。

如果重新开/关滑动门三次后障碍物仍然存在，滑动门打开并发出声光报警，需要进行人工操作，将该滑动门隔离，等待维修。

2. 车站级控制

当列车在非运营期间进行系统测试时，可操作设置在车控室内的 IBP，实现对整侧站台门的开关控制。

当出现紧急情况时，如列车发生火灾，区间隧道、站台、站厅等处发生火灾（紧急运行模式），可操作设置在车控室内的 IBP，实现站台门紧急运行模式，得到授权的车站工作人员可用专用钥匙开启车控室内 IBP 上的操作允许开关，并操作开门/关门按钮，对整侧站台门进行开关控制。

3. 站台级控制

站台门自控系统发生故障等情况时，站台工作人员可通过 PSL 对滑动门进行开门、关门操作，实现站台门的站台级控制。

当个别滑动门由于故障无法发出"关闭且锁紧"信号时，站台工作人员在保障人员安全的条件下，即在确认没有乘客或物体夹在滑动门中间后，通过专用钥匙操作位于 PSL 上的"互锁解除"开关，向信号系统发送允许列车离开站台指令，允许列车离站，此时声光报警装置停止声光报警。

4. 就地级控制

当站台上的个别滑动门发生故障无法自动打开时，站台人员可在站台侧操作门体上方的就地控制盒开关滑动门。当个别滑动门发生故障，站台工作人员可根据需要，在站台侧使用专用钥匙打开滑动门。

站台人员也可根据需要在站台侧使用专用钥匙打开应急门和端头门，但打开应急门时必须确认行车安全。

站台门控制系统控制方式中，车站级控制优先于站台级控制，站台级控制优先于系统级控制，就地级控制是当发生紧急情况时的控制方式，该种操作控制的权限不受其他控制方式的优先级权限影响。

（三）自动化线路站台门系统增设功能

1. 激光探测

每侧站台门与车门间隙的安全防护探测装置由 6 组激光器组成，站台门系统须对每组探测装置的运营状态进行实时监控，其状态能够在人机界面上显示，并同时上传至综合监控系统。

2. 对位隔离功能

在列车进站前，列车信号系统向站台门系统报告列车车门的相关故障信息，而站台门系统同时向列车信号系统发送站台门的故障信息。当列车车门发生故障时，对应的站台门不打开；当站台门发生故障时，对应的列车门也不打开，实现"对位隔离"。

3. 站台开门/关门按钮功能

站台开门/关门按钮（ODBP）设于车站控制室内与站台中部，是实现车门与站台门联动打开/关闭的按钮，可用于车门与站台门再开门/关门等操作。

四、通风空调系统

（一）通风空调系统简介

通风空调系统是指满足行车设备和管理用房对环境的要求，为乘客提供较舒适候车环境的设备系统。它是由隧道通风系统、车站公共区通风空调系统（简称车站大系统）、车站设备管理用房通风空调系统（简称车站小系统）和空调水系统组成。

1. 隧道通风系统

隧道通风系统包括车站隧道通风及区间隧道通风两部分。车站隧道通风系统主要是对站台层屏蔽区内的隧道进行通风及防排烟的系统。区间隧道通风系统主要是对相邻两站行车区间的隧道进行通风及防排烟的系统。

2. 车站大系统

车站大系统是指站厅、站台公共区的通风空调系统，在正常运营时为乘客提供舒适的候车环境，在发生火灾时迅速组织排除烟气。

3. 车站小系统

车站小系统是指车站设备管理用房的通风空调系统，正常运行时为运营管理人员提供舒适的工作环境和为设备正常使用提供良好的运行环境，在发生火灾时迅速组织排除烟气或隔断烟气和火源。

4. 空调水系统

空调水系统在各站独立设置制冷机房，为车站大、小系统配备合适冷源，制冷机采用水冷式冷水机组。

(二) 通风空调系统主要组成及功能

地下线车站设置机械通风与空调系统；高架线和地面线车站的设备区设置机械通风与空调系统；公共区一般采用自然通风。通风空调系统在满足人员和设备对轨道交通内部空气环境需求的同时，兼顾火灾情况下的防排烟功用。

通风空调系统包括车站通风空调系统和隧道通风系统两大部分。

1. 车站通风空调系统

车站通风空调系统分为车站公共区通风空调系统（简称大系统）、车站设备管理用房通风空调系统（简称小系统）以及空调水系统（简称水系统）。

（1）大系统设备主要包括组合式空调机组、联动或调节风阀、新风机、回风排风机、排风或排烟排风机、风机、防火阀、风道或风管等。

（2）小系统设备主要包括空调箱、风阀、新风机、回风排风机、排风或排烟排风机、风机盘管、防火阀、风道或风管等。

（3）水系统设备主要包括冷水机组、冷冻水泵、冷却水泵、水阀、分水器、集水器、冷却塔、管路、综合水处理器等。

2. 隧道通风系统

隧道通风系统主要用于在正常条件下排出隧道内的热量和空气。发生火灾时，用于定向排烟、排热和新风供应。

（1）隧道通风系统的设备主要包括隧道及轨道排风机（兼排烟，要求在 250 ℃下可连续工作 1 h）、联动或调节风阀、防火阀、风道、消声器等。

（2）隧道通风系统均采用分段式纵向通风设计，配线车站为双活塞模式，其他车站采用单活塞模式。运行工况如下：

① 正常情况下，利用列车运行的活塞效应使隧道与外界通风换气，维持温度不超过 40 ℃ 的规范标准。

② 行车阻塞时，开启相应区间阻塞模式进行机械通风，控制隧道内最不利点温度不超过 45 ℃，以维持列车空调器的正常运行，并为人员提供新风。

③ 列车在站台发生火灾时，启动对应车站隧道火灾模式进行机械排烟。

④ 列车发生火灾且区间迫停时，若车头火灾，乘客向后方车站或通过最近的联络通道向相邻隧道疏散，与行车一致方向排烟；若车尾火灾，乘客向前方车站或通过最近的联络通道向相邻隧道疏散，与行车相反方向排烟；若列车中部火灾，乘客

分别向前后方车站或通过最近的联络通道向相邻隧道疏散，距离火灾区域较近的车站进行排烟；若列车停车地点、着火位置不清楚，一律与行车一致的方向排烟。

（三）通风空调系统的控制与运行

一般地，通风空调系统设就地控制、车站控制、中央控制三级控制，就地控制具有优先权。

（1）正常情况下，大系统、小系统、水系统、隧道通风系统按照时间表设定的模式和切换时间自动运行，具体运行工况根据季节及天气的变化而变更。

（2）当列车在区间阻塞时，自动或人工执行列车区间阻塞模式。

（3）当车站或隧道发生火灾时，由火灾报警系统联动或人工执行相应的火灾模式，进行机械排烟。

五、给排水系统

（一）给排水系统简介

城市轨道交通的车站给排水系统主要由给水系统和排水系统两部分组成。

1. 给水系统

给水系统用于满足生产、生活和消防用水对水量、水压和水质的要求，水源通常采用城市自来水。给水系统包括生产生活给水系统和消防给水系统，其功能是满足生产生活和消防用水对水量、水质和水压的要求。

（1）生产生活给水。

地下、地面车站生产、生活用水由市政用水直接引入，采用一路管道接入的方式；高架车站采用设置水泵、储水池和水箱的给水方式。

（2）消防给水。

消防给水采用两路进水方式。直接给水方式的优点是：给水较可靠、系统简单、投资少、安装维护简单；可充分利用城市自来水管网水压，节约能源。缺点是：车站无储备水量，一旦外部管网断水时车站内部立即停水。另一种方式是使用车站储备水量。

消防给水系统的主要设备包括水泵、阀门、管道等设备。具体设置方式如下：

① 地下车站、地面及高架车站由城市自来水环状管网上引入两根消防给水管。

② 地下车站和地下区间，地面、高架车站的室内消防给水系统设计为环状管网，地下区间上下行线各设置一根消防给水管，在地下车站端部与车站环状管网相接。

③ 区间消防给水干管沿行车方向右侧布置，消防干管每隔 10 m 预留栓口，每 1 组消火栓栓口间设检修蝶阀，在车站站台端部设置区间专用消防器材箱。

2. 排水系统

排水系统包括污水系统、废水系统和雨水系统，其功能是保证车站排水畅通，为轨道交通安全运营提供服务。通过排水系统，除生活及粪便污水应单独排放外，结构渗漏水、冲洗及消防废水和出入口雨水合流至车站或区间集水井排除。

(二) 给排水系统运行方式

车站给排水系统的各类设备分为正常运行方式和非正常运行方式。

1. 正常运行方式

正常运行方式下，各类给排水泵均按自控状态运行，给排水系统的设备均应保持良好的工作状态，随时可以按设计或设定的方式（有自动控制系统的按自动控制系统，无自动控制系统的按手动控制系统）运行，并且各类给排水设备，包括阀门、水泵等可操作设备应配有指示标牌，表示目前该设备所处状态。

2. 非正常运行方式

非正常运行方式下，各类设备的操作要求：

（1）给排水管道发生严重漏水时，应立即关闭漏水处管道阀门，并及时维修漏水处，必要时，做好相应的防范措施，并通知相关部门等。

（2）给排水水泵发生故障时，应将水泵控制状态置于手动或检修挡，并切断该台水泵电源，及时进行维修。如有备泵的，应使备泵投入可使用状态或使备泵投入自动状态。

（3）给排水附件发生故障，视影响范围的大小，根据正常方式或非正常方式执行。

（4）故障状态时，各类水泵、阀门应有相关故障指示标牌，表示该类设备停用、故障或禁止使用。

六、电扶梯系统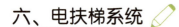

作为车站的机电设备之一,电扶梯是方便乘客快捷而舒适地进出车站的代步工具。电扶梯系统包含电梯、自动扶梯及轮椅升降台。

(一) 电扶梯设备简介

为方便乘客,提高车站工作效率和乘坐舒适度,电扶梯系统与车站设备监控系统设置接口,设备监控系统监测电扶梯的运行状态,但不进行控制。在车站控制室内,设置一个消防手动开关,在火警情况下,可控制所有电梯自动返回基站,动力公司负责提供开关和接口并负责连接。

(二) 电扶梯及轮椅升降台与其他专业设备的接口

作为轨道交通设施的一部分,电扶梯需要与其他相关设备协同配合,与电梯、自动扶梯及轮椅升降台等的相关接口有:

(1) 车站设备监控系统接口。设备监控系统监测电扶梯的运行状态,但不进行控制。

(2) 通信系统的接口主要有以下几种:

① 电梯轿厢内的求救电话或可与车控室通话的紧急对讲装置。

② 电梯轿厢内的监视摄像头,可在车控室或运营控制中心(OCC)进行视频观察。

③ 轮椅升降台配有连接到对讲主机和各分机的视频对讲系统。

(3) 低压供电设备接口。主要为电扶梯提供动力电源。

(4) 火灾报警系统(FAS)接口。

当车站发生火灾时,电梯应接受车站 FAS 的紧急指令。

电梯与 FAS 的接口功能是用于在发生火灾情况时,FAS 发送火灾报警信息给电梯控制柜,控制电梯停靠首层(基站),电梯将开门到位状态信息返回 FAS,FAS 切断电梯电源。正常工况下,控制信号、反馈信号为常闭状态;火灾工况下,控制信号、反馈信号为常开状态。

七、自动售检票系统

自动售检票系统（Automatic Fare Collection system，简称 AFC）是实现轨道交通售票、检票、计费、收费、统计、清分、管理等全过程的自动处理系统。该系统通常包括自动控制、计算机网络通信、现金自动识别、微电子计算、机电一体化、嵌入式系统和大型数据库管理等高新技术。

（一）自动售检票系统组成

自动售检票系统包括系统软件和系统设备两部分，其中系统软件包含清分中心系统（ACC）、线路中央计算机系统（LCC）和车站计算机系统（SC）；系统设备有自动售票机（TVM）、自动检票机（AGM）、自动验票机（TCM）、半自动售票机（BOM）、编码分拣机（ES）、边门检票机（SDG）、有轨电车自动售票机、有轨电车自动检票机、有轨电车车载检票机（TTM）、云购票机（M-TVM）、云自动检票机（M-AGM）、人脸识别闸机等。

（二）自动售检票系统设备人机界面

该设备的人机界面（HMI）上包括须监视所有设备的图符。操作员可以点击这些图符来监视该设备的具体状态，如图1-4所示。

图1-4 自动售检票系统设备人机界面

（1）中央级AFC设备的人机界面，包括全线各车站AFC设备平面示意图及全线各车站 AFC 客流数据的监视图。

（2）中央级 OPS（一种屏幕规范）大屏 AFC 设备的人机界面，包括全线各车站 AFC 运作模式及客流数据汇总表。

（3）车站 AFC 设备的人机界面，包括本站客流显示及设备状态显示。

（4）通过人机界面图可监视以下状态：AFC 与城市轨道综合监控系统（ISCS）的通信连接状态；AFC 重要设备的状态（正常、故障、检修）。

（三）车站 AFC 设备人机操作

车站级操作员在车站工作站可以监视本站的 AFC 设备信息。综合监控系统（ISCS）对 AFC 设备的监视信息包括进出闸门机、自动售票机、自动充值验票机的运行状态和报警事件信息，以及进出站闸机当天的动作次数统计。

在 AFC 设备界面里设有闸机、自动售票机、自动充值验票机位置上画出的相应设备图元。正常情况下，设备图元为绿色，当 AFC 设备出现报警时，设备图元会变成红色闪烁，点击该图元后可以弹出设备详情面板，从面板上的指示灯和文字描述中可判断发生何种报警。所有实时报警信息都可以在系统报警窗口里显示。

当 AFC 设备报警时，在 HMI 布局图上与该设备对应的图元会变成红色闪烁，点击该图元后弹出如图 1-5 所示的 AFC 设备详情窗口，操作员可以通过该窗口查看本次报警设备的报警类型（引起报警的原因），该窗口能显示该设备的所有报警信息（图 1-5）。

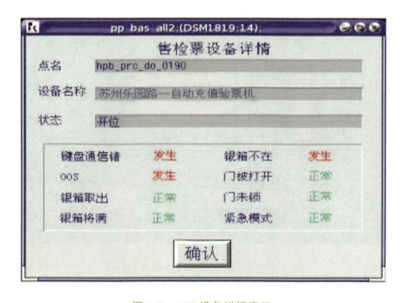

图 1-5 AFC 设备详情窗口

车站工作站上的 HMI 只监视本车站的所有 AFC 设备（进出站闸机、自动售票机、自动充值验票机）状态、报警和事件。因为车站的操作员只能监视本站的设备，所以当车站操作员登录到综合监控系统后，车站选择栏自动选择操作员所在的车站，不允许操作员进行选择。

八、综合监控系统

（一）综合监控系统简介

城市轨道交通综合监控系统的主要目的是将各分散孤立的自动化系统联结为一个有机的整体，实现轨道交通各专业相关系统之间的信息互通、资源共享，提高各系统的协调配合能力，提高轨道交通全线的整体自动化水平。

（二）综合监控系统主要组成及功能

1. 综合监控系统主要组成

综合监控系统由位于控制中心的中央系统（CISCS）、位于各车站的车站系统（SISCS）、位于车场的车场系统（DISCS）以及培训管理系统（TMS）、维修管理系统等部分组成。

2. 综合监控系统功能

（1）基本功能：控制功能、监视功能、报警管理、趋势记录、报表生成、权限管理、系统组态、档案管理、系统维护和诊断。

（2）联动功能：

① 正常工况，开站/关站和列车进站自动广播等联动功能。

② 火灾工况，区间火灾防排烟模式控制、车站火灾消防应急广播、车站火灾场景的视频监控和乘客信息系统的火灾信息发布等联动功能。

③ 紧急工况，启动相关系统及被控设备的联动功能。

④ 阻塞工况，启动相关车站隧道通风设备联动功能。

（3）其他功能：

① 在综合监控系统故障或瘫痪不可用时，由车站通过综合后备盘进行现场设备的重要状态的监视和手动紧急控制。

综合后备盘功能主要包括：站台紧急停车、扣车与放行、通风排烟系统的紧急模式控制、专用消防设备控制、自动检票机释放、门禁控制、防淹门监控、电扶梯停止控制和站台门（安全门）开门控制。

② 当 CISCS 故障时，各 SISCS 能够完成对本车站集成与互联子系统设备的监控，保证数据正确采集与命令下发准确，能够正确完成本车站历史数据存储与查询。

③ 综合监控系统集成电力监控、环境与设备监控和站台门/安全门等系统，与广播、视频监控、乘客信息、自动售检票和门禁等系统互联，有时也会与列车自动监控、火灾自动报警等系统互联或集成。

（三）与综合监控系统相集成的子系统

1. 环境与设备监控系统

环境与设备监控系统（Building Automation System，简称 BAS）是轨道交通工程中必不可少的子系统之一，为车站的正常运营提供了保障。BAS 对轨道交通车站内的通风空调系统、给排水系统、照明系统、电梯及自动扶梯等机电设备的运行实现全面集中的实时监控。

> **小贴士**
>
> **苏州轨道交通 BAS**
>
> 苏州市轨道交通 BAS 包括地下车站及区间、车辆段（含停车场），具体由设置在车站环控电控室的 BAS 设备、车站控制室的 BAS 设备、车辆段（含停车场）的 BAS 设备及现场 BAS 设备等组成。控制中心中央级集中监控功能、车站控制室车站级监控功能由综合监控系统完成。
>
> BAS 设中央和车站两级管理，构成中央、车站和就地三级控制，并具有手动/自动（M/A）操作方式的切换能力。
>
> BAS 的运行分为正常运行和事故运行两种模式。
>
> （1）BAS 在正常运行情况下应有完善的节能方案，能根据历史数据建立并修正空调通风系统控制模型，并以该控制模型为基础，通过优化分析，确定能效比最高的总体运行方案，并将总体运行方案下达给车站分控级，协调车站空调系统各类设备的运行。BAS 正确监控所有在线设备的性能，

通过监测运行参数，保证系统的监控功能得到正确地发挥，并能根据授权，及时评价和修改设备状态。操作员能及时掌握设备运行状态的变化，必要时，操作员能在授权范围内干预和改变控制，包括修改运行模式，修改设定值等。操作员可通过操作员工作站人机界面监视设备性能和运行时间。

（2）在事故运行情况下，BAS能根据来自FAS、信号系统的报警指令，自动、安全地按预先设定的程序进入灾害运行模式。

2. 电力监控系统（PSCADA）

综合监控系统通过网络与各变电所综合自动化系统进行连接，并负责完成PSCADA系统中央级和车站级监控功能。

（四）与综合监控系统互联的子系统

1. 广播系统

广播系统是指轨道交通运营商采用成熟可靠的网络技术和传输技术，在指定的时间，将指定的信息以声音的形式广播给指定的人群的系统。广播系统是有线广播系统，它包括背景音乐、运营广播以及紧急广播功能，通常结合在一起，平时播放背景音乐或其他节目，消防广播在有事故发生时启用。

值班员通过综合监控系统完成以下功能。

（1）广播范围选择，可以按照以下方式选择：

① 对本站的全部广播区；

② 对本站的任意部分广播分区组合；

③ 对本站任一单独广播分区。

（2）可进行音源选择，如语音（背景音乐）、话筒。

（3）可对本站任意单一广播区域的语音广播内容进行监听。

（4）车站计时广播功能，可以监视本站以广播分区为单位的占用和故障情况（图1-6）。

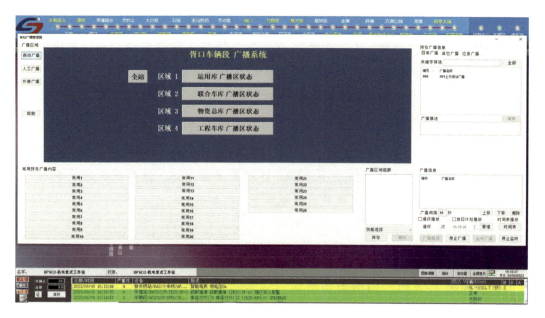

图 1-6 车站计时广播

2. 闭路电视系统

轨道交通全线各车站、车辆段、OCC 设有闭路电视系统（CCTV），主要用于运营管理人员实时监视车站客流、列车出入站及乘客上下车情况，加强运营组织管理，提高效率，保证安全正点地实现运送旅客等目的。同时，CCTV 用于对主要设备的监视。

ISCS 实现对 CCTV 画面的监控功能，监视 CCTV 主要设备状态。CCTV 配备所需的后备控制键盘等。

3. 防淹门

防淹门是防止局部隧道区间进水并蔓延到其他隧道区间的门，一般设在江底区间隧道两头。防淹门分为车站和就地两级控制，具有电动和手动两种操作方式。防淹门与列车进路存在联锁关系。ISCS 在车站与人防防淹门处设接口，实现防淹门的状态监视和报警功能。

4. 乘客信息系统

乘客信息系统（PIS）可为乘客提供实时列车到发信息、目的地信息及紧急通告信息等。

ISCS 通过工作站的人机界面提供了乘客信息系统的操作和控制功能，但这些功能的执行依赖于 PIS 底层设备的支持。PIS 按操作方式分为手动 PIS 和自动 PIS。

5. 自动售检票系统

ISCS 在车站与自动售检票系统通过接口互联，通过骨干网连接各个车站，完成 AFC 的中央和车站监视功能。

6. 门禁系统

门禁系统（ACS）是综合监控系统的子系统之一，其主要的监视功能通过 ISCS 来完成。门禁的授权和考勤等管理功能独立于 ISCS，由门禁子系统完成。门禁设备的状态监视、故障报警及报警与事件记录的查询，可在中央和车站的 ISCS 工作站来完成。

车站工作站上的 HMI 只监视本车站的所有门禁系统设备状态、报警和事件。相关的 HMI 界面如图 1-7 所示。

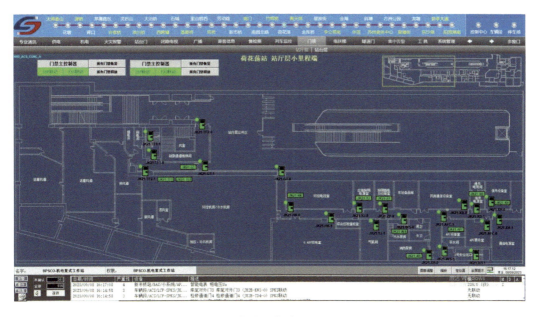

图 1-7　车站工作站 HMI 画面

在车站工作站，操作员可从门禁系统 HMI 画面上查看本站系统连接结构图，对本车站门禁系统主要状态进行监视。

7. 时钟系统

全线各车站、OCC、车辆段设置时钟系统，时钟系统为轨道交通工作人员、乘客和各有关系统提供统一的标准时间信号。

8. 火灾报警系统

各车站、车辆段、控制中心大楼均设有火灾报警系统（FAS）。ISCS 在控制中心与 FAS 处设接口，以完成 FAS 中央级和车站级监视功能（图 1-8）。

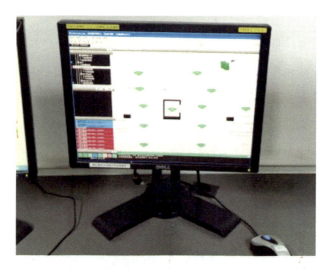

图 1-8　FAS 监控系统

9. 站台门

ISCS 在车站与站台门（PSD）系统通过接口互联，通过骨干网连接各个车站，完成 PSD 的中央和车站监视功能。车站 PSD 监视功能是控制中心 PSD 监视功能的子集。车站工作站可以监视本站的 PSD 信息，ISCS 对 PSD 的监视信息包括：滑动门、应急门、端门、就地控制器、单元控制器、不间断驱动电源、不间断控制电源的状态和报警信息。

PSD 系统界面在上下行的位置上显示滑动门、端门和就地控制器的图元。正常情况下，设备图元为绿色；当设备出现故障时，设备图元变成红色闪烁，点击该图元后可以弹出设备详情面板，从面板上的指示灯和文字描述可判断出发生何种报警。正常情况下，界面上不显示应急门信息；当应急门出现报警时，在相应的位置出现红色闪烁的中文提示，如"应急门 001"。所有实时报警信息都可以在系统报警窗口里显示（图 1-9）。

图 1-9　PSD 系统界面

当 PSD 系统的设备报警时，在 HMI 布局图上与该设备对应的图元会变成红色闪烁，点击该图元后弹出如图 1-10 所示的 PSD 设备详情窗口，操作员可以通过该窗口查看本次报警设备的报警类型（引起报警的原因），该窗口能显示该设备的所有报警信息。

图 1-10　PSD 设备详情窗口

九、火灾报警系统

1. 火灾报警系统简介及组成

在轨道交通系统中，车站、区间隧道、主变电所、控制中心、车场都设置火灾报警系统（Fire Alarm System，简称FAS），由控制中心和车站、车场、车辆段两级管理。控制中心负责监视全线防灾设备运行状态、接收报警信号、发布救灾指令等；车站等负责接收车站灾害报警，及时与指挥中心联络，控制设备。

FAS由中央级、车站级、就地级系统、设备维修管理系统，以及通信系统（FAS主干网）构成。

车站控制室设火灾报警和联动控制机、车站级图形监视计算机（GCC）和操作台、各种接口、系统软件及应用软件、打印机、站内消防通信设备、电源设备等。车站控制室设备与车站商业区火灾报警控制区域机、现场设备、现场总线等共同组成车站级FAS系统。

2. FAS主体设备

（1）图文工作站。主要由计算机、工作站软件、通信接口设备及打印机组成。

（2）联动型火灾报警控制器（FACP）。

（3）气体灭火报警主机（GFACP）。

（4）消防立柜。消防立柜用于放置FAS图形显示控制工作站、消防电话主机、DC 24 V操作电源、光端机、手提插孔电话等。

（5）消防广播系统。

（6）点型光电感烟火灾探测器。

（7）火灾显示盘。

（8）手动报警按钮。

（9）消防电话插孔及插孔电话。

（10）消防电话主机。

3. FAS管控方式及主要功能

在正常情况下，火灾报警控制器及车站级现场设备等均处于监视状态，图形监视计算机显示车站各防火分区、防烟分区的探测器及车站、区间现场设备状态，并将状态及状态改变实时反映到控制中心。在任何一个报警区域，如果有一个火灾探测器报警，或有一个手动报警按钮报警，则火灾报警系统自动确认为火警，火灾报警控制机发出模式指令给相关外控设备和环境与设备监控系统（BAS）系统，并将信息上传至控制中心。

FAS 实现中央、车站两级管理模式，采用中央、车站、就地三级控制方式。其主要功能是：

（1）中央级系统设置在控制中心，作为全线火灾报警系统集中报警平台，与控制中心的综合监控、通信、信号等系统共同构成防救灾指挥管理平台。

（2）车站级系统设置在各地下车站、高架车站、车辆段和主变电所的车站控制室或消防值班室，实现车站及相邻区间或车辆段范围内的火灾报警，并与相关专业共同构成区域防救灾指挥平台。车站级 FAS 管辖范围包括车站及相邻半个区间的消防设备。

（3）就地级系统设置在地下车站、高架车站、区间隧道、车辆段、主变电所建筑内各防护区域，实现报警和相关设备的联动控制功能。

（4）维修管理系统设置在车辆段 FAS 工区以及相关的工区办公室，负责对全线 FAS 设备进行监视和管理。

（5）通信系统为 FAS 提供四芯单模光纤（备用芯与其他系统共享），使全线 FAS 形成信息传输单环主干网络，实现火灾报警信息、设备状态信息的传送。

十、消防联动控制系统

消防联动控制系统可实现消火栓系统、自动灭火系统、防烟排烟系统、防火卷帘、电动挡烟垂帘、消防广播、消防电源及应急照明、疏散指示、检票机、站台门/安全门、门禁、电扶梯等系统在火灾情况下的消防联动控制。消防联动的内容主要包括以下几个方面。

（1）防烟、排烟控制。火灾专用的防排烟设备由 FAS 进行监控；平时用于送排风、火灾时执行防排烟任务的车站通风空调系统共用设备，由 BAS 控制和管理；火灾时 FAS 向 BAS 发火灾模式控制指令。

（2）消防泵控制。消防泵的启动可以通过现场的消火栓按钮直接启动，也可在车站控制室内由 FAS 控制器通过操作面板手动启动，或者通过 IBP 远程直接启动。

（3）监视消防水管主要信号阀的状态，监视水喷淋系统水流指示器、水喷淋报警阀、水喷淋泵的运行状态。

（4）防火卷帘门的操作。对于疏散通道的防火卷帘门，在本防火分区感烟探测器动作后，防火卷帘门降至 1.8 m，感温探测器动作后，防火卷帘门降到底；对于用作防火分隔的防火卷帘门，火灾探测器动作后直接下降到底。同时，FAS 监视防火卷帘门的状态。

（5）电扶梯的控制。火灾时，垂直电梯接收到联动命令后迫降至疏散层（首层），打开电梯门后并反馈信号。在火灾工况下，不参与疏散的自动扶梯收到联动命令后停止运行，参与疏散的自动扶梯继续向疏散方向运行。联动命令仅具备停止电扶梯的控制功能，如在火灾工况下，若有与疏散反向运行的扶梯需转为与疏散同向运行，则在现场进行手动操作。

（6）切除非消防电源。非消防电源主要包括工作照明（包括节电照明、导向照明、站台门光带、安全照明等）、三类负荷等。

（7）监控气体灭火系统。气体灭火保护区的探测器由 FAS 统一设置，并纳入车站控制室火灾报警控制器。

（8）广播系统、闭路电视、火灾警铃控制。发生火灾时，FAS 可自动将公共广播切换为火灾应急广播。在未设置的公共广播系统的区域（车站设备区）设置警铃和声光报警器，火灾确认后实现报警，提示人员疏散。在车辆段主要建筑（综合楼、综合维修中心等）设置消防广播系统，火灾确认后实现报警功能，提示人员疏散。

（9）自动售检票闸机的控制。火灾或其他紧急情况时，通过自动或手动方式向自动售检票系统发出指令打开自动售检票闸机，便于人员的疏散，同时返回状态。

（10）门禁的控制。火灾或其他紧急情况时，在车站控制室内通过自动或手动方式打开车站通道和房间的门禁，并返回状态。

（11）站台门的控制。火灾或其他紧急情况时，在车站控制室内可通过 IBP 或 PSL，以手动方式打开站台门。

十一、气体灭火系统

近年来，我国地铁线路使用的气体灭火系统多为 IG541 气体灭火系统，如图 1-11 所示。其成分由 52%氮气、40%氩气、8%二氧化碳三种气体组成，均为大气基本成分。使用后以其原有成分回归自然，是绿色环保灭火剂。

图 1-11　IG541 气体灭火系统

轨道交通地下车站的通信设备机房（含通信电源室及通信电缆间）、信号设备机房（含信号电源室）、整流变压器室、交流开关柜室、直流开关柜室、整流器柜室、动力变压器室等场所都配备了气体灭火系统。

（一）气体灭火系统主要组成

气体灭火系统由气体灭火控制子系统和管网子系统组成。

控制子系统主要包括：感烟/温探测器、气灭控制器（主机）、警铃、灭火控制单元（REL）、放气显示灯、声光报警器等。

管网子系统主要包括：储存装置、启动装置、选择阀、喷嘴、输送管路及其他附件。

（二）气体灭火系统自动联动控制单元

1. 自动联动状态下的运行方式

（1）气体灭火系统保持 24 h 正常工作。

（2）EST 主机处于自动状态。

（3）各保护区门口的灭火控制单元上的功能隔离旋钮位于正常位置。当有人进入保护区时，将功能隔离旋钮转至隔离状态；当有人离开保护区后，将旋钮恢复到正常位置，只有电源显示灯亮。

2. 自动联动状态下的控制方法

自动联动状态下的控制方式有自动控制方式、手动控制方式和机械应急操作方

式三种。(注：必须确保 REL 内的隔离旋钮在正常位置，气体才能喷放)

当火灾发生时，气体灭火系统启动自动控制方式。

当自动控制方式无法实现气体释放时，采用手动控制方式：按下 REL 的手动释放按钮，系统延时 30~40 s 后，该防护区的气体释放。

当自动控制和手动控制均无法进行时，应立即通知有关人员迅速撤离现场，并在 FAS 主机上启动响应的火灾联动模式，然后拔出相应保护区的启动钢瓶的电磁阀头上的止动簧片，启动气体开启选择阀、瓶头阀，释放灭火剂，实施灭火。如果此时遇上电磁瓶头阀维修或启动气体储瓶充换氮气不能正常工作时，可打开相应保护区的选择阀手柄，打开选择阀，然后用瓶头阀上的手柄打开瓶头阀，释放灭火剂，实施灭火。

(三) 气体灭火系统与 FAS 的联动

气体灭火系统和 FAS 设有接口，将故障信号及每个保护区的预警信号、报警信号、喷放信号、手动/自动信号送给 FAS 的具体操作如下：

(1) 各气体灭火保护区外设置壁挂式气体灭火控制器，手动/自动转换开关、紧急释放按钮、释放指示灯、警铃、声光报警器等均接入气体灭火控制器，各气体灭火控制器通过通信或硬线方式接入车站控制室的火灾报警控制器（FAS 控制器），FAS 控制器实现对气体灭火管网系统的集中控制。

(2) 各气体灭火保护区内的智能探测器（感烟和感温）通过回路线接入 FAS 控制器。

(3) FAS 控制器设置独立的报警回路，用于接入气体灭火控制系统的控制盘、探测器、模块。

(4) FAS 控制器上设置气体灭火手动/自动转换开关，实现对气体灭火喷放手动/自动联动模式切换。

(5) 系统的操作方式主要有三种：自动操作、手动操作和紧急机械手动操作。

(6) 火灾的确认方式：

① 自动确认：任一防护区设两类独立的不同功能的探测器，点型感烟探测器报警和点型感温探测器报警实现火灾确认，自动确认方式中要求气体灭火控制器、FAS 控制器的气灭转换开关同时处于自动状态。

② 人工确认：由设置在防护区外的紧急释放装置（手动控制器）启动确认，无论控制盘处于手动或自动状态，手动控制始终优先。

（四）气体灭火系统保护的防护区（设备间）的管理

（1）有气体灭火系统保护的设备用房无人时，要求防护区的所有防火门处于关闭状态。在人员进设备间前，将门口的灭火控制盘上的隔离/正常旋钮放在隔离位置，并保证通向外部的防火门处于打开状态。在离开设备间时，确保防护区的所有防火门已经处于关闭状态。在离开设备间后，将门口的灭火控制盘上的隔离/正常旋钮恢复到正常位置。防护区内禁止抽烟。

（2）平时在进出设备间需要操作设备时，请到车控室处借用钥匙。在火警需要操作 REL 设备时，可以直接打碎 REL 的玻璃进行操作。气体灭火系统气体喷放后，一定要等到防护区内气体全部排完才能进入设备间。如果出现火警，除了按照使用操作说明进行操作外，还应按照公司相关的火灾处理流程进行。

（3）当需要手动启动火灾模式进行防排烟时，可以在烟雾区内按下最近的手动报警按钮，并将车控室内的 FAS 系统的控制显示联动板上的旋钮置于自动位置，实现防排烟联动功能。

技能实训

实训 1　车站开、关站程序

1. 实训内容

车站各岗位开、关站作业标准。

2. 实训目标

熟练掌握车站各岗位开、关站作业标准及工作流程。

3. 实训方法

要求学员熟知、牢记车站各岗位开、关站作业标准及工作流程，准确完成车站开、关站作业。

4. 评价标准

在实训过程中主要完成以下考核项目，如表 1-2、表 1-3 所示。

表 1-2　车站开站程序实训评价标准

考核项目	考核要求	分值	得分
值班站长	正常情况下，每天 04:00 进行运营前检查	10	
行车值班员	首班出场列车出场前 30 min，按规定试验信号系统，并将运营前检查情况汇报行车调度员。首班出场列车到站前 15 min，安排人员到站台接发列车	30	
站台岗	首班载客列车到站前 15 min，领齐备品到岗	10	
行车值班员	首班载客列车到站前 15 min，开启 AFC 服务状态、通过 CCTV 逐一确认卷帘门、电梯状态	10	
客服中心岗	首班载客列车到站前 15 min 到岗	20	
值班站长	首班载客列车到站前 20 min，巡视全站，确认符合开站标准，首班载客列车到站前 15 min，完成扶梯、电梯、出入口的开启	20	

表 1-3　车站关站程序实训评价标准

考核项目	考核要求	分值	得分
行车值班员	上/下行末二班载客列车开出后开始末班车广播	10	
行车值班员	最后一趟载客列车开出前 3 min，关闭 TVM、入闸机，通知停止售票和进站检票工作，并开始停止服务广播	20	
站台岗	最后一趟载客列车开出后进行检查，确认站台乘客均已上车，无异常情况	10	
客服中心岗	最后一趟载客列车开出后收拾票、钱，整理客服中心备品，注销 BOM，回票务室结账	10	
行车值班员	运营结束后，执行车站节电照明模式	10	
值班站长	最后一趟载客列车到站前 3 min，确认所有 TVM、入闸机已关闭，停止服务广播播放	10	
值班站长	清站，完成出入口、扶梯、电梯的关闭工作，确认工作照明、AFC 设备全部关闭	10	
值班站长	当日运营结束后 10 min 内，确认站厅、站台、卫生间等区域无遗留乘客后，通知行车值班员	10	
值班站长	当日运营结束后 10 min 内，关闭电梯、扶梯、卷帘门	10	

实训 2　综合监控子系统监视操作

1. 实训内容

综合监控系统监视范围及报警处理。

2. 实训目标

熟练掌握综合监控系统的操作、控制功能及报警处理。

3. 实训方法

要求学员根据综合监控系统的操作、控制功能及报警处理方法，准确进行系统监视及处理报警作业。

4. 评价标准

在实训过程中主要完成以下考核项目，如表 1-4 所示。

表 1-4　综合监控子系统监视实训评价标准

考核项目	考核要求	分值	得分
闭路电视系统	运营管理人员实时监视车站客流、列车出入站及乘客上下车情况，加强运营组织管理，提高效率，保证安全正点地实现运送旅客等目的	10	
防淹门（FG）	ISCS 在车站与人防防淹门处设接口，实现防淹门的状态监视和报警功能	10	
乘客信息系统（PIS）	综合监控系统通过工作站的人机界面提供了乘客信息系统的操作和控制功能	10	
自动售检票系统（AFC）	车站级操作员在车站工作站可以监视本站的 AFC 设备信息。ISCS 对 AFC 设备的监视信息包括：进出闸门机、自动售票机、自动充值验票机的运行状态和报警事件信息及进出站闸机当天的动作次数统计	10	
	在 AFC 系统界面里设有闸机、自动售票机、自动充值验票机的位置上画出相应的设备图元。正常情况下设备图元为绿色，当自动售检票设备出现报警时，设备图元会红色闪烁，点击该图元后可以弹出设备详情面板，从面板上的指示灯和文字描述可判断出发生何种报警。所有实时报警信息都可以在系统报警窗口里显示	20	

续表

考核项目	考核要求	分值	得分
自动售检票系统（AFC）	当 AFC 系统的设备报警时，在 HMI 布局图上与该设备对应的图元会变成红色闪烁，点击该图元后弹出 AFC 设备详情窗口，操作员可以通过该窗口查看本次报警设备的报警类型	10	
	车站工作站上的 HMI 只监视本车站的所有 AFC 系统设备（进出站闸机、自动售票机、自动充值验票机）状态、报警和事件。因为车站的操作员只能监视本站的设备，所以当车站操作员登录到综合监控系统后，车站选择栏自动选择操作员所在的车站，不允许操作员进行选择	10	
门禁系统（ACS）	门禁的授权和考勤等管理功能将独立于 ISCS，由门禁子系统完成。门禁设备的状态监视、故障报警及其报警与事件记录的查询可在中央和车站的 ISCS 工作站来完成	10	
	车站工作站上的 HMI 只监视本车站的所有门禁系统设备状态、报警和事件	10	

项目训练

➤ 初级

判断题

1. 在综合监控系统故障或瘫痪不可用时，由 IBP 进行现场设备的重要状态的监视和手动紧急控制。（　　）

2. 站台门门体结构由承重结构、门槛、顶箱、滑动门、固定门、应急门和端门组成。（　　）

3. 当应急门出现报警时，在相应的位置出现黄色闪烁的中文提示。（　　）

➤ 中级

填空题

1. 地铁售检票机按照供电可靠性要求及失电影响程度规定为_____级负荷。

2. 多数地铁采用_____供电方式。

3. 一般地，通风空调系统设置_____、车站控制、中央控制的三级控制，_____具有优先权。

➤ 高级

简答题

1. 简述与综合监控系统互联的子系统。

2. 简述站台门控制系统优先级控制（由低到高）。

3. 简述消防联动控制系统的主要内容。

项目二　行车基础

学习目标

(1) 了解轨道结构及道岔构成；
(2) 掌握信号与通信系统基本原理；
(3) 掌握不同行车作业信号表示的含义。

技能目标

(1) 掌握轨道结构的基本知识、操作流程；
(2) 掌握通信系统组成及各系统之间的信号传递关系；
(3) 正确识别不同行车标志和行车作业信号。

知识学习

一、轨道结构

轨道（图 2-1）是城市轨道交通运营的重要设备之一，是行车的基础。轨道结构一般由钢轨、轨枕与扣件、道岔、联结零件、道床及轨道加强设备等组成。其作用是引导机车车辆运行，直接承受车轮的垂直力和水平力，以及车辆弹簧震动而产生的冲击力等，并把这些力均匀地传给路基或桥隧建筑物。

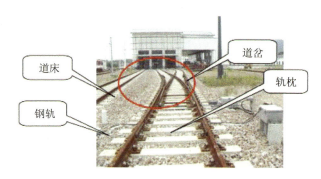

图 2-1 轨道

(一) 钢轨

钢轨（图 2-2）是轨道的主要部件，用于引导机车车辆行驶，并将所承受的荷载传布于轨枕、道床及路基。

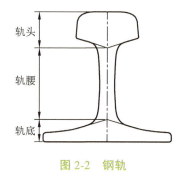

图 2-2 钢轨

钢轨类型有以下几种：

（1）按单根钢轨的长度，标准轨的长度有 12.5 m 和 25 m 两种。

（2）按化学成分分为普通碳素钢轨和低合金钢轨，城市轨道交通都采用低合金钢轨。

（3）按每米质量，钢轨一般分为 75 kg 轨、60 kg 轨、50 kg 轨等。

苏州轨道交通一号线正线及辅助线采用 60 kg/m 钢轨，车辆段内采用 50 kg/m 钢轨（试车线为 60 kg/m 钢轨）。

(二) 轨枕与扣件

1. 轨枕

轨枕是轨下基础部件之一，它的功用是支撑钢轨，保持轨距和方向，并将钢轨对它的各项压力传递到道床上。轨枕分为木枕和钢筋混凝土枕。

2. 扣件

扣件（图 2-3）是由钢轨扣压件和轨下垫层两部分组成，是钢轨与轨枕或其他轨下基础连接的重要联接零件。它的作用是固定钢轨，阻止钢轨纵向或横向位移，防止钢轨倾斜，并能提供适当的弹性，将钢轨承受的力传递给轨枕或道床。

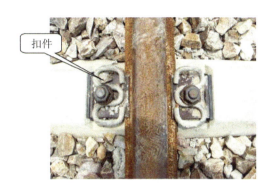

图 2-3　扣件

（三）道岔

道岔是引导车辆由一条线路转向另一条线路的过渡设备，是轨道线路的重要组成部分，构造复杂，也是线路的薄弱环节之一。

城市轨道交通线路中普遍采用普通单开道岔，一组普通单开道岔由转辙部分、连接部分、辙叉部分组成，如图 2-4 所示。

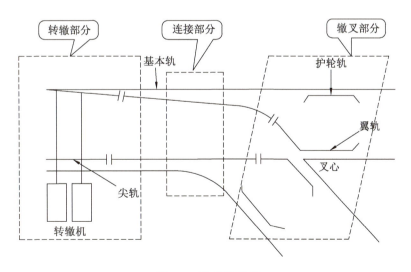

图 2-4　道岔的组成

1. 道岔使用规定

（1）正常情况下的操作：遥控操纵、电气锁闭。

（2）故障情况下的操作：现地手摇、人工锁闭。

2. "手摇道岔六部曲"要求

（1）一看：看道岔开通位置是否正确，有无钩锁器，尖轨和基本轨之间有无异物。

（2）二开：打开盖孔板及钩锁器和断电处的锁，拆下钩锁器并断电。

（3）三摇：摇动道岔转向所需的位置，在听到"咔嚓"的落槽声后停止。

（4）四确认：手指尖轨确认道岔尖轨密贴开通 X 位，口呼"道岔 X 位"，并和另一人共同确认。

（5）五加锁：在和另一人确认道岔位置开通正确后，用钩锁器锁定道岔尖轨。

（6）六汇报：向车控室汇报道岔开通位置正确。

3. 人工办理进路的作业程序

（1）人员安排：值班站长（简称"值站"）及其所指定的一名胜任人员。

（2）准备工具：手摇把、道岔钥匙、钩锁器、铜锁、扳手、对讲机、无线调度电台、探照灯、荧光衣、手套。

（3）办理请点：下线路前须向行调请点，得到行调允许方可进入轨行区作业。

（4）确认进路：以列车为参照物，从远到近依次确认相应道岔位置开通是否正确。

（5）现地手摇：确认道岔需改变开通位置时，应双人操作，共同防护确认，手摇道岔，确认道岔位置开通正确后加锁。

（6）进路办理完毕，线路出清后，报告车控室。

（7）行车值班员接到进路办理完毕、线路出清的汇报后，立即做好相应线路的接车或发车准备工作并报告行车调度员（简称"行调"）。

（四）钢轨接头联结零件

钢轨接头联结零件（图 2-5）是由夹板、螺栓、弹簧垫圈等组成的，其作用是在接头处把钢轨联结起来，使钢轨接头部分具有与钢轨一样的整体性，以抵抗弯曲和位移。接头处还要满足钢轨伸缩的要求。

图 2-5　钢轨接头联结零件

（五）道床

道床是铺设在路基之上，轨枕之下的结构层，主要承受并传递荷载，起稳定轨道结构的作用。道床从结构和形式上可分为整体道床和碎石道床两种，如图 2-6、图 2-7 所示。

苏州轨道交通 1 号线正线采用整体道床，天平车辆段库内为整体道床，其他为碎石道床。

图 2-6　整体道床

图 2-7　碎石道床

二、线路

（一）线路定义

线路是指由路基、桥隧建筑物（桥梁、隧道等）和轨道组成的一个整体的工程结构，是机车车辆和列车运行的基础。（图 2-8）

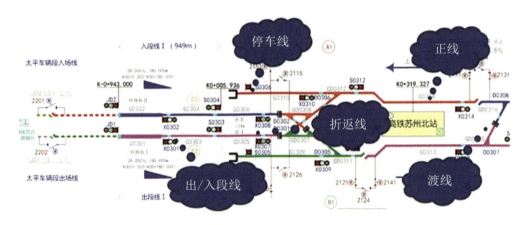

图 2-8　部分线路示意图

按在运营中的功能定位，线路分为正线、辅助线和车场线。

1. 正线

正线是指载客列车运营的贯穿全程的线路。

2. 辅助线

辅助线是指除正线外，在运行过程中为列车提供接发车、折返、联络、安全保障、临时停车等功能服务，通过道岔与正线相互联络的轨道线路，也称为配线。辅助线包括出入段（场）线、联络线（连接两条独立运营线路之间的线路）、折返线（具备列车折返功能的线路）、停车线（允许停放列车的线路）、渡线（连接上下行正线、折返线、停车线等之间的线路，分交叉渡线和单渡线）。

3. 车场线

车场线通常包括车辆段或停车场出回场线、运用和检修库线、工程车和轨道车库线、洗车线、吹扫线、镟轮线、试车线（对车辆进行动态性能试验的线路，其线路标准通常与正线一致）、平板车停放线、待修车和修竣车存放线、走行线、牵出线及相应渡线等。

（二）限界

限界是指限定车辆运行及轨道周围构筑物超越的轮廓线。限界分车辆限界、设备限界和建筑限界三种。

1. 车辆限界

车辆限界是指车辆在直线上正常运行状态下所形成的最大动态包络线，用以控制车辆制造，以及制定站台和站台门/安全门的建筑限界。

2. 设备限界

设备限界是指车辆在故障运行状态下所形成的最大动态包络线，用以限制行车区的设备安装。

3. 建筑限界

建筑限界是指在设备限界基础上，满足设备和管线安装尺寸后的最小有效断面。沿线建筑物横断面，包括测量误差值、施工误差值及结构永久变形量均不得侵入此限界。建筑限界分为隧道建筑限界、高架建筑限界、地面建筑限界。

限界示意图如图 2-9 所示。

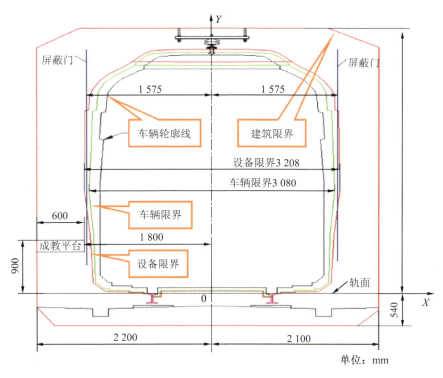

图 2-9　限界示意图

（三）线路相关基础概念

1. 桥隧结构设计规格

桥梁、隧道结构设计使用年限为 100 年，工程结构安全等级为一级，抗震烈度为Ⅵ度，防水等级为二级。区间隧道结构主要包括明挖矩形断面结构、矿山法马蹄形断面结构、盾构法圆形断面结构、沉管法矩形断面结构等。

2. 线路制式

轨道交通线路一般采用右侧行车制式和 1 435 mm 标准轨距，正线采用双线线路。

3. 平面曲线

各类线路最小曲线半径及曲线加宽值如表 2-1、表 2-2 所示。

表 2-1 各类线路最小曲线半径

线路	B 型车	
	一般地段/m	困难地段/m
正线	300	250
辅助线	200	150
车场线	150	—
车站	1 200	1 000

表 2-2 各类线路曲线加宽值

曲线半径 R/m	轨距加宽值/mm	轨距/mm
$150 < R \leq 200$	5	1 440
$100 < R \leq 150$	10	1 445

4. 纵面坡度

正线的最大坡度为 30‰，困难地段的坡度可采用 35‰，区间最小坡度为 3‰；联络线的最大坡度为 40‰；出入段（场）线最大坡度为 35‰；车场其他线路宜设于平道上，困难时库外线路的坡度可按不大于 1.5‰ 设计。

5. 道床

地下线、高架线采用轨枕式整体道床；地面车站采用整体道床；地面线、出入线、试车线采用碎石道床；车场库内线应根据检修工艺要求采用检查坑整体道床或立柱式道床结构；车场平过道采用整体道床、混凝土道口板、橡胶道口板；减震要求高的区段采用减震道床。具体情况在各线行车组织细则中明确。

6. 轨道

正线、辅助线及车场试车线钢轨通常采用 60 kg/m 钢轨及 9 号单开 AT 曲线型尖

轨道岔，车场其他线路通常采用 50 kg/m 钢轨及 7 号单开道岔，不同类型的钢轨采用异型钢轨连接。正线道岔侧向允许通过最大速度为 35 km/h。车场线（试车线、练兵线除外）采用 50 kg/m 钢轨及 7 号单开道岔，道岔侧向允许通过最大速度为 25 km/h。特殊钢轨及道岔使用情况在各线行车组织细则中明确。

7. 联络通道及泵房

长度大于 600 m 的两条单线区间隧道之间设置联络通道，同一区间内相邻两个联络通道之间的距离不应大于 600 m；联络通道内并列设置两樘反向开启的甲级防火门；轨道两侧均有排水沟，线路坡度最低点通常设置区间排水泵站，通常与区间联络通道合置。联络通道及泵房的具体设置情况在各线行车组织细则中明确。

8. 疏散设施

区间隧道均设置轨行区到达站台的疏散楼梯。当采用车辆侧门疏散模式时，双线高架区间宜在两线间布置应急疏散平台，地下区间的矩形隧道（出入段线除外）和圆形隧道行车方向的左侧设置疏散平台。疏散平台高宽度在各线行车组织细则中明确。

9. 人防设施

设防抗力等级为六级。战时功能以人防疏散干道和人员紧急掩蔽部（1 000 人）为主，二等人员掩蔽部（800 人）和物资库为辅，防护单元设置上以一个车站加一个隧道区间为一个防护单元，换乘站单独为一个防护单元。防护单元划分及战时人防功能设置在各线行车组织细则中明确。

三、信号系统

城市轨道交通的基本任务是安全、准时、高效率、高密度地运送旅客。因此，必须采用可靠的列车运行控制设备来指挥列车的运行，以确保列车的安全运行。从传统的闭塞、联锁信号设备，到现代化的列车自动控制（ATC）系统，是长期实践、经验积累、技术不断改进和发展的结果。

（一）轨旁信号设备

城市轨道交通信号基础设备包括地面信号机、转辙机、轨道电路、应答器（信标）等设备。信号基础设备的可靠运转是信号系统不间断工作的基础。在城市轨道交通信号系统现代化的进程中,信号基础设备本身也在不断地得到更新和完善。

1. 地面信号机

(1) 城市轨道交通信号机的设置原则。

城市轨道交通的地面信号是列车运行的辅助信号,地面信号平时都由轨旁 ATC 子系统自动控制,设置成自动信号或连续通过信号,根据列车运行时刻表和列车实时信息自动动作;只有在人工控制的情况下,才由调度员或车站值班员排列进路、开放信号。地面信号机(图 2-10)的设置原则有:

① 正线有岔站为了防护道岔和实现联锁关系,设置地面信号机,一般中间站(无岔站)都不设信号机。

② 信号机一般设置于运行线路的右侧。

③ 折返站的折返线出、入口都设置防护信号机。

④ 一般情况下,正线区间都不设通过信号机。

⑤ 停车场的出入库线应设置出、入库地面信号机,以指挥列车的出入库。

⑥ 停车场内,根据调车作业的需要,设置各种用途的调车信号机。

图 2-10 地面信号机

(2) 色灯信号机的安装及结构原理。

色灯信号机有高柱和矮柱两种类型,高柱信号机安装在钢筋混凝土信号机柱上,矮柱信号机安装在信号机水泥基础上,城市轨道交通的信号机基本上都是矮柱信号机。在正线上,信号机安装在钢支架上、隧道壁和防护栏上。矮柱透镜式色灯信号机直接用螺钉固定在信号机柱上。矮柱透镜式色灯信号机结构原理如图 2-11 所示。

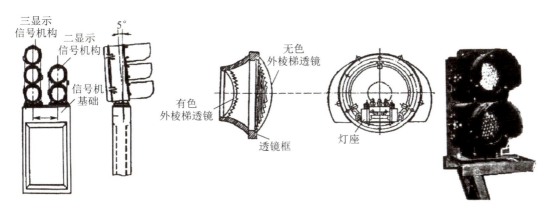

图 2-11　矮柱透镜式色灯信号机结构原理

城市轨道交通采用二显示和三显示的信号机构。近年来，城市轨道交通的新建线路及停车场的地面信号机较多选用 LED 色灯信号机。

2. 转辙机

转辙机是控制道岔尖轨动作的信号设备，它的基本任务是转换道岔、锁闭道岔和反映道岔的位置和状态。转辙机除转辙机本身外，还包括锁闭装置和各类杆件及安装装置，它们共同完成道岔尖轨的转换和锁闭。道岔及双机牵引转辙机如图 2-12 所示。

图 2-12　道岔及双机牵引转辙机

（1）转辙机的作用与要求。

① 转换道岔的位置，带动尖轨做直线往返运动。

② 道岔转至所需位置，应将道岔锁闭，确保在车辆通过道岔时，尖轨不移位。

③ 正确反映道岔状态，给出相应的道岔位置表示。

④ 当道岔被挤或没有道岔位置表示时及时报警。

城市轨道交通大部分采用电动转辙机，近年来也开始采用电液转辙机和交流转辙机。由于钢轨质量的增加，一般正线道岔采用双机牵引。转辙机的传动机构将电动机的高速旋转变换成动作杆的低速直线运动，再由动作杆带动道岔尖轨运动。传动机构的另一个作用是带动尖轨的锁闭。

（2）转辙机传动机构的类型。

转辙机传动机构分齿轮传动和液压传动两类。

① 采用齿轮传动时，必须采用摩擦连接器，其原因之一是当尖轨转换完毕时，而电动机还不能立即停转，利用摩擦连接器可以克服电动机的转动冲击。另外，当尖轨在转换过程中受阻而不能继续动作时，摩擦连接器进入摩擦状态，使电动机能继续转动而不致烧毁。

② 液压传动机构是由电动机来驱动油压泵，将加压的液体注于储能油罐中，使罐内空气压缩，以储存一定能量。在转换道岔时，电动机工作，同时将控制油路的阀门打开，使受压的油液注入油缸中，借助活塞与油缸的相对运动推动油缸，再由油缸带动动作杆，使道岔尖轨转换。当道岔的尖轨转换到规定的位置且与基本轨保持一定的密贴力时，转辙机将尖轨锁闭在密贴状态，以保证在列车通过道岔时，尖轨不致因受震动而离开基本轨。道岔及双机牵引液压转辙机如图 2-13 所示。

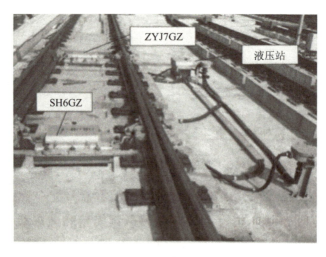

图 2-13　道岔及双机牵引液压转辙机

3. 轨道电路

轨道电路是利用线路的钢轨和机械绝缘节（或电气绝缘）构成的电路。它是信号系统的重要基础设备，它的性能直接影响行车安全和运输效率。轨道电路广泛应用于列车的检测，在城市轨道交通不设轨道电路的情况下，也可以在轨道区段的两端设置计轴器，以检测列车。

4. 应答器

应答器也称"信标"，也是信号系统的基础设备，随着 ATC 系统的普及，应答器在城市轨道交通得到广泛的应用。不同的应答器应用于不同的信号制式，而且称呼也不相同，有"有源应答器"和"无源应答器"之分，也称为"有源信标"和"无源信标"。

在点式 ATP 子系统中，利用设置在每个车站出站信号机处的应答器，可以向列车传送 ATP 信息。在基于模拟轨道电路的 ATC 系统中，利用设于区间和车站的应答器（也称为标志器），实现列车在车站的程序对位停车控制；在基于"距离定位"制式的 ATC 系统中，无源应答器用于列车定位校核，有源应答器用于车地信息交换。基于通信的列车控制系统（CBTC）中无源应答器主要用于列车定位校准，而有源应答器主要用于信号后备系统中向列车传送点式信息。

应答器由地面设备、车载设备两部分构成。地面应答器和车载应答器的动作流程如图 2-14 所示。

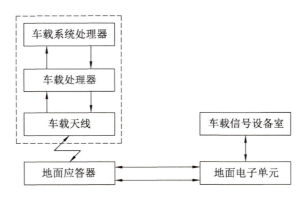

图 2-14　地面应答器和车载应答器的动作流程

（1）地面应答器设备。

地面应答器设备包括地面电子单元（LEU）和地面应答器。

① 地面电子单元（LEU）是一种数据采集与处理单元，当有数据变化时（如信号显示改变等），它将改变后的数据形成报文传送给应答器进行发送。

② 地面应答器的主要功能是接收车载应答器天线传递的载频能量和向车载天线发送数据信息。地面应答器是一种可以发送数据报文的高速数据传输设备，它能提

供上行数据链路，实现地对车的数据传输。地面应答器有无源应答器和有源应答器两种。无源应答器向列车传送固定的信息；有源应答器一般都与地面电子单元连接，通过连接的地面电子单元，可实时更新地面有源应答器中存储的数据。

地面无源应答器通过接收车载应答器天线传递的载频能量获得电能量，使地面应答器中的信号发生器工作，然后将事先存储于地面应答器中的数据发送至车载天线。

当车载应答器天线在有效作用范围内时，地面应答器须发送连续的信息。应答器发送的信息形成一个无缝的报文信息流，该报文由同步码、有效信息以及校验码组成。一个应答器只能发送一种长度的报文。

地面无源应答器向列车传送固定的数据信息，以告知列车已经到达线路的某一个固定的位置，如告知列车已经接近车站，列车进入自动对位停车程序；又如列车收到某个信标信息，列车可以自动校正定位的误差。

有源应答器和无源应答器如图 2-15 所示。

图 2-15　有源应答器和无源应答器

（2）车载应答器设备。

车载应答器设备包括车载天线、解码器、载频发生器与功率放大器等。

车载天线是一个双工的收发天线，既要向地面发送激活地面应答器的功率载波，还要接收地面应答器发送的数据报文。解码器是用于对地面应答器的数据进行处理的模块，由微处理器、滤波器和其他相关单元组成。解码器用于对地面应答器信息的接收、滤波、数字解调与处理，经处理的数据通过相应的接口传送至相关的设备，如车载 ATP 设备、司机显示单元或无线设备。载频发生器与功率放大器用于产生激活地面应答器所需的载频能量，并通过车载天线传递给地面应答器。

每个地面应答器对应于线路的某一个固定的坐标，所以列车收到地面应答器信息可以对列车行走里程进行精确的定位及校正。列车收到前一个地面应答器的信息后，可判断该应答器的特性、位置，这些信息特性包括地面应答器所处的位置、位置参数的精度、列车的运行方向等。如果接收到的地面应答器的信息与预期的不同，车载应答器解码设备应有相应的表示或相应的输出，以便车载 ATP 设备做出相应的反应，并采取相应的安全措施。

（二）车载信号设备

列车上主要有车载控制器、车载无线单元、信标查询器、速度传感器、加速计、司机显示屏等设备，其中车载控制器是列车的核心设备。

1. 车载控制器

车载控制器是 ATC 系统中的一个安全部件，它主要负责计算列车的位置。车载控制器检测位于轨道上的应答器，在数据库中寻找应答器的位置，并使用速度传感器的输入信号来测量从最近检测到的应答器开始的行车距离。

2. 车载无线单元

车载无线单元是安装在列车上的无线通信设备，前后车头各有一个，每一个包含两根天线。车载无线单元是列车与轨旁设备间通信传媒的媒介之一。

3. 信标查询器

信标查询器及其天线主要负责与轨旁信标通信并确定列车位置，处理信标发出的消息并将消息传送给车载控制器。

4. 速度传感器和加速计

速度传感器和加速计用于测定列车速度和行驶距离。

每一套车载控制器设备都有两个速度传感器。速度传感器安装在拖车中两个独立车轴的两端。

每一套车载控制器设备具有三个加速计。加速计集中安装在电子设备车厢内机车地面的固定金属板上。

5. 司机显示屏

司机显示屏是一个非安全的单元，它为列车司机提供人机接口，在显示屏上显示列车当前的运行模式以及各种工况状态。

四、通信系统

（一）通信系统功能简介

通信系统由传输系统、专用电话系统、专用无线通信系统、视频监视系统、广播系统、录音系统、时钟系统、乘客信息系统、公务电话系统、电源系统及接地、集中告警系统等子系统组成。以下介绍部分系统。

1. 传输系统

传输系统是指采用光纤通信为主的专用通信传输网络系统。

2. 专用电话系统

电话系统是为控制中心调度员，车站、车场的值班人员组织指挥行车、运营管理及确保行车安全而设置的专用系统，包括调度电话、站间行车电话、车站紧急电话及区间电话、公共直通电话。控制中心、全线车站、车场等场所内另设有程控电话。

3. 专用无线通信系统

专用无线通信系统是提供给控制中心调度员、车场调度员（简称"场调"）、车站值班员等固定用户与列车司机、防灾及维修等移动用户之间进行通信联络的系统，满足行车安全、应急抢险的需要。它包括控制中心、车场专用无线调度台、车站无线固定台、车载电台、无线手持台、无线对讲机等。

4. 视频监视系统

视频监视系统（CCTV）是为控制中心调度员、各车站值班员、列车司机等提供有关列车运行、防灾、救灾及乘客疏导等方面的视觉信息系统。

5. 广播系统

广播系统由正线运营广播系统、车辆基地广播系统组成。正线运营广播系统的行车和防灾广播的区域统一设置，防灾广播优先于行车广播。

6. 录音系统

录音系统是在控制中心、车站及车辆段/停车场分别对专用电话系统语音、专用无线通信语音、公务电话系统语音以及广播系统语音进行集中录音的系统。

7. 时钟系统

时钟系统是为控制中心调度员、车站值班员、各部门工作人员及乘客提供统一的标准时间信息，为其他系统的中央设备提供统一的时间信号的系统。时钟系统采用控制中心与车站/车辆段/停车场两级组网方式。由中心母钟（一级母钟）、车站/车辆段/停车场母钟（二级母钟）、时间显示单元（子钟）及传输通道、接口设备、时钟信号分配单元和系统网管设备组成。

8. 乘客信息系统

乘客信息系统（PIS）分为控制中心子系统、车站子系统、车载子系统、网络子系统、广告管理子系统等。PIS 控制功能层次为：信息源、中心播出控制层、车站/车载播出控制层和车站/车载播出设备等。

（二）通信中断处置流程

通信中断时不同阶段的处置流程如表 2-3 所示。

表 2-3　通信中断时不同阶段的处置流程

阶段	行车值班员
前期处置	行值发现或接司机、行调通信中断通知，报值班站长
现场处置	行值按照无线固定台、行调专用电话、800 M、公务电话、手机的优先级顺序联系行调，确定联系方式 车站按照 800 M、无线固定台、400 M、通过站台岗中转的优先级顺序联系司机，做好司机与行调之间的信息传递
应急终止	接 OCC 通信恢复正常，应急终止，报值班站长

（三）信息汇报要求

1. 信息汇报形式

信息汇报的主要形式有电话、"钉钉"信息、邮件等。

2. 信息报送对象

（1）常规生产信息报送对象为与该信息相关人员。

（2）突发事件报送对象详见附表"突发事件信息汇报流程"介绍。其中，一级事件必须最终电话报至中心干部；二级事件必须最终电话报至车间干部。

3. 信息汇报原则

(1) 迅速原则。

① "钉钉"信息须由车间生产管理员/值班人员/班组长及时发出或在收到分公司信息交流群信息 3 min 内转出；车间生产运营日报由生产管理员/值班人员在次日的 8:30 前发出；运作信息由科室及各车间根据生产实际情况实时发出。

② 突发事件信息，相关人员必须在事件发生 3 min 内按信息汇报流程报出。如遇相关人员联系不上可越级上报，确保信息能迅速传递。

(2) 准确原则。

包括突发事件汇报四要素。

① 时间：要说清楚事件发生的时、分。

② 地点：要说清楚事件发生的具体地点。

③ 人物：包括性别、是否员工、年龄等。

④ 概要：事件简要经过及初步判断影响。

(3) 真实原则。

信息汇报要实事求是，未弄清楚事实前不能臆测，更不能为了减轻责任而弄虚作假。

(4) 持续原则。

突发事件的汇报不仅指事件发生的当时，随着事件处理的进展，还包括救援、处理过程及处理结果的阶段性汇报以及恢复后的汇报。

(四) "钉钉"信息管理要求

1. "钉钉"信息交流群加入人员要求

(1) 中心级。

包括中心干部、车间干部、中心及车间专业工程师、班组长及车间生产管理员。

(2) 车间级。

包括车间干部、车间专业工程师、班组长、车间生产管理员及其他相关人员。

(3) 警企交流群。

包括中心干部、站务车间干部、站务车间专业工程师、区域（副）站长、生产管理员及其他相关人员。

2. "钉钉"信息发布要求

(1) 常规生产信息。

① 常规生产信息由各车间生产管理员/值班人员及时发出，或将分公司信息交流群中的信息及时转发至中心、车间信息交流群中。

② 对于站务车间开展的营销活动信息，由车间生产管理员/区域站长同步发布在警企交流群中。

③ 中心和车间管理人员结合实际生产情况在中心、车间信息交流群内及时发布安全生产相关信息。

（2）突发事件信息。

① 分公司信息交流群、警企交流群中的突发事件信息，由车间生产管理员/值班人员/班组长将与本车间相关的信息在车间信息交流群中及时转发；本车间的突发事件信息，由本车间生产管理员/值班人员/班组长及时在车间信息交流群中发出；车间生产管理员/值班人员汇总整理分公司及车间信息后，在中心信息交流群中发出，中心、车间相关工程师、班组长等人员及时了解情况并及时跟进。

② 对于现场突发事件处置进展或补充说明的信息，由车间生产管理员/值班人员/班组长在车间信息交流群进行及时补充、更新；车间生产管理员/值班人员汇总整理车间信息后，在中心信息交流群进行及时补充、更新。

③ 中心和车间管理人员也可根据实际情况在中心、车间信息交流群内及时补充、更新突发事件相关信息。

④ 对于分公司领导、其他部门人员、中心及车间相关人员在分公司、中心及车间信息交流群里提出的问题，由相应车间生产管理员/值班人员/班组长负责给予答复。

⑤ 对于中心内部的信息通报、相关技术问题讨论和不宜在分公司信息交流群上发布的信息，各车间生产管理员、班组长或专业工程师可及时在中心、车间信息交流群或条线专业群中进行发布、讨论。

⑥ 对于涉及与轨道公安有关的信息，站务车间生产管理员/区域站长需同时在警企交流群中进行发布。对于无法确定是否需要在警企交流群发布的突发事件信息，可逐级汇报至车间干部决定。

（五）其他规定

（1）运作信息、运营日报及突发事件的分析材料以邮件的形式报送至中心、车间及其他相关人员。

（2）突发事件分析材料须在事件发生后 12 h 内报送至相应车间专业工程师，由车间专业工程师复核并报相应车间干部审阅后,在事件发生后 24 h 内上报中心。突发事件的材料由中心专业工程师统一对外报送。

(3) 突发事件必须在当天的运营日报上有所反映。

(4) 遇突发事件需要向外部接口单位请求支援时,车站及时使用公务电话联系轨道交通治安分局,拨打 119、120 等电话。

五、行车标志

(一) 停车标

停车标设于各车站站台端部对开的隧道壁位置和存车线、折返线、信号机前,如图 2-16 所示。

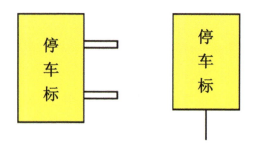

图 2-16 停车标示意图

(二) 接近车站预告标

接近车站预告标设置在接近车站 300 m、200 m 处,如图 2-17 所示。

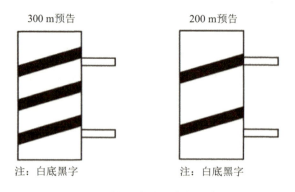

图 2-17 接近车站预告标示意图

(三) 站名标

站名标设置在接近车站 100 m 处，如图 2-18 所示。

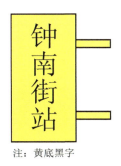

注：黄底黑字

图 2-18　站名标示意图

(四) 车挡表示器

车挡表示器如图 2-19 所示。

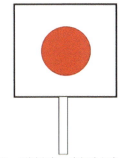

注：周围白色，中间为红色

图 2-19　车挡表示器示意图

(五) 鸣笛标

鸣笛标如图 2-20 所示。

注：白底黑字

图 2-20　鸣笛标示意图

（六）一度停车标

一度停车标如图 2-21 所示。

注：白底黑字

图 2-21 一度停车表

六、行车作业信号

（一）信号的定义

信号是指示列车车辆运行条件的符号。

（二）信号的分类

信号分为视觉信号和听觉信号两大类。

1. 视觉信号

视觉信号包括色灯信号、手信号。

（1）色灯信号。

信号机按照显示数目分为三显、双显和单显三类，三显信号机显示红、绿、黄三色，双显信号机显示红、黄两色，单显信号机显示红色。信号机通过单一颜色或组合颜色向司机发出相关的行车命令。

信号机按用途可以分为调车信号机、进站信号机、出站信号机、出段信号机、进路防护信号机和阻挡信号机。其中出段信号机设于车辆段的出口处，其作用是用来防护正线，指示列车从车辆段出发进入正线；进路防护信号机一般设于正线上有道岔的地方，其作用是防护正线上的道岔；阻挡信号机一般设于终点站，其作用是用来阻挡列车。

轨道交通信号系统的信号显示含义如表 2-4 所示。

表 2-4 轨道交通信号系统的信号显示含义表

序号	类别	信号灯显示	行车指示内容	备注
1	正线进路防护信号	绿灯	开通直向允许越过	仅针对非 CTC（连续式列车控制）列车，CTC 控制级别时，信号机灭灯
2		黄灯	开通侧向允许越过	
3		黄灯+红灯	引导信号允许越过	
4		红灯	禁止越过	
5	车场调车信号	白灯/黄灯	允许调车	与正线信号系统接口处的信号机红黄两显，其他红白两显
6		红灯	禁止越过	

（2）手信号。

手信号分为灯信号、旗信号和徒手信号。

手信号显示的原则：正常情况下，地面站（区间）、高架站（区间），昼间且能见度良好时使用信号旗，夜间或能见度较差时使用信号灯；正常情况下，地下站（区间），昼间、夜间均使用信号灯；使用信号旗显示手信号时，左手持红旗，右手持绿（黄）旗；正常情况下，车机联控手信号所有车站在昼间、夜间均使用信号旗显示；显示手信号时，显示人员须面向来车方向或面向司机，且站立于安全区域，不得影响行车安全。

① 发车信号，含义是要求司机发车，如表 2-5 至表 2-7 所示。

表 2-5 发车信号显示时机及地点

显示时机	确认发车条件满足后向司机显示
收回时机	司机动车或鸣笛后收回
显示地点	站台：列车前进方向第一扇车门处（若为工程车，则在工程车前进方向司机驾驶室后方的第一扇屏蔽门处） 轨行区：列车前方进路始端信号机附近的安全避让区

表 2-6 发车信号显示方式

灯信号	绿色灯光上弧线向列车方面作圆形转动
旗信号	展开的绿色信号旗上弧线向列车方面作圆形转动

表 2-7　发车信号标准动作示范

② 停车信号，含义是要求司机在该停车信号前方停车，如表 2-8 至表 2-10 所示。

表 2-8　停车信号时机及地点

显示时机	看见列车头部灯光后向司机显示
收回时机	列车停稳后收回
显示地点	列车所需停车位置

表 2-9　停车信号显示方式

灯信号	红色灯光平举，无红色灯光时，用白色灯光上下急剧摇动
旗信号	展开的红色信号旗
徒手信号	两臂高举头上，向两侧急剧摇动

表 2-10　停车信号标准动作示范

③ 紧急停车信号，含义是要求司机立即采取停车措施，如表 2-11 至表 2-13 所示。

表 2-11　紧急停车信号时机及地点

显示时机	发现危及行车安全的紧急情况时向司机显示
收回时机	列车停稳后收回
显示地点	危及行车安全事发点前方（来车方向端）安全位置

表 2-12　紧急停车信号显示方式

灯信号	红色灯光下压数次，无红色灯光时，用白色灯光上下急剧摇动
旗信号	展开红旗下压数次
徒手信号	两臂高举头上，向两侧急剧摇动

表 2-13　紧急停车信号标准动作示范

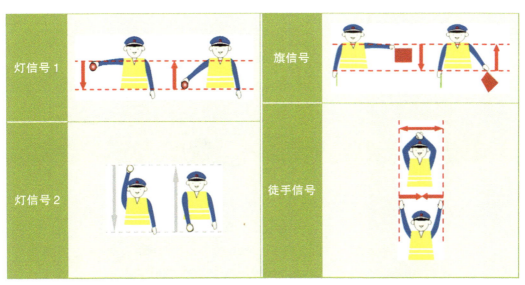

④ 减速信号，含义是要求列车降低速度运行，如表 2-14 至表 2-16 所示。

表 2-14　减速信号时机及地点

显示时机	看见列车头部灯光后向司机显示
收回时机	列车头部越过信号显示地点后收回
显示地点	站台上便于司机瞭望的地方，原则上在列车进站端司机立岗处显示

表2-15 减速信号显示方式

灯信号	黄色灯光平举，无黄色灯光时，用白色或绿色灯光下压数次
旗信号	展开的黄色信号旗，无黄色信号旗时，用绿色信号旗下压数次

表2-16 减速信号标准动作示范

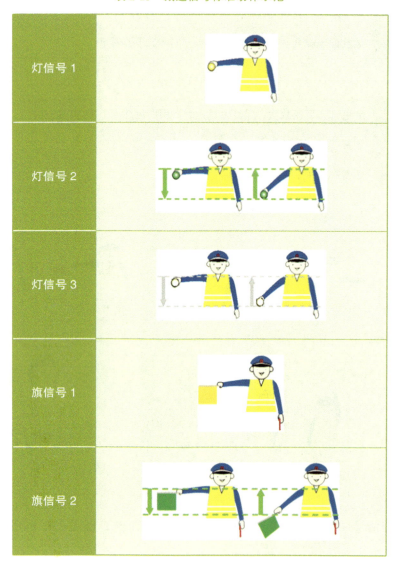

灯信号1	
灯信号2	
灯信号3	
旗信号1	
旗信号2	

⑤ 通过信号，含义是准许列车由车站通过，如表 2-17 至表 2-19 所示。

表 2-17　通过信号时机及地点

显示时机	看见列车头部灯光后向司机显示
收回时机	列车头部越过信号显示地点后收回
显示地点	站台上便于司机瞭望的地方，原则上在列车进站端司机立岗处显示

表 2-18　通过信号显示方式

灯信号	绿色灯光平举
旗信号	展开的绿色信号旗

表 2-19　标准动作示范

⑥ 引导信号，含义是准许列车进入车站，如表 2-20 至表 2-22 所示。

表 2-20　引导信号时机及地点

显示时机	看见列车头部灯光后向司机显示
收回时机	列车头部越过信号显示地点后收回
显示地点	站台上便于司机瞭望的地方，原则上在列车进站端司机立岗处显示

表 2-21　引导信号显示方式

灯信号	黄色灯光高举头上左右摇动，无黄色灯光时，使用白色灯光
旗信号	展开黄色信号旗高举头上左右摇动

表 2-22 引导信号标准动作示范

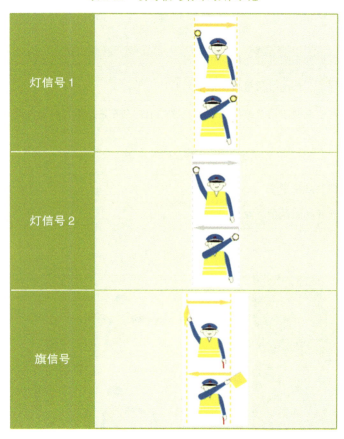

灯信号 1	
灯信号 2	
旗信号	

⑦ "好了"信号,含义是清客完毕、屏蔽门(车门)故障处置完毕及其他应急处置作业完毕(详见各类现场处置方案),如表 2-23 至表 2-25 所示。

表 2-23 "好了"信号时机及地点

显示时机	(1) 清客作业:确认清客完毕后向司机显示 (2) 车门、屏蔽门夹人夹物:确认乘客安全或异物清除,车门(或车门、屏蔽门)关闭且该处车门与屏蔽门之间无异物后向司机显示 (3) 屏蔽门故障:确认故障处置完毕,车门关闭且站台安全后向司机显示 (4) 车门故障:确认故障贴纸张贴完毕后向司机显示 (5) 车上乘客报警、晕倒、紧急解锁:确认现场乘客事务处理完毕后向司机显示
收回时机	(1) 清客作业:车门、屏蔽门关闭后收回 (2) 车门、屏蔽门夹人夹物:司机动车或鸣笛后收回 (3) 屏蔽门故障:司机动车或鸣笛后收回 (4) 车门故障:司机动车或鸣笛后收回 (5) 车上乘客报警、晕倒、紧急解锁:车门、屏蔽门关闭后收回
显示地点	(1) 清客作业:根据《车站清客作业程序》中"好了"信号显示要求执行 (2) 其他应急处置作业完毕后原则上在故障(事件)发生地点显示,当司机瞭望困难时,在站台便于司机瞭望的地方显示

表 2-24 "好了"信号显示方式

灯信号	白色灯光上弧线向列车方面作圆形转动
旗信号	用拢起信号旗作圆形转动
徒手信号	右手单臂上弧线向列车方面作圆形转动

表 2-25 "好了"信号标准动作示范

⑧ 车机联控信号，含义是大客流或曲线站台车站乘客上下车完毕，且站台安全（详见《车站、司机联控作业要求》），如表 2-26 至表 2-28 所示。

表 2-26 车机联控信号时机及地点

显示时机	确认车门、屏蔽门关闭且无夹人夹物后向司机显示
收回时机	司机动车或鸣笛后收回
显示地点	站台尾端紧急停车按钮处

表 2-27 车机联控信号显示方式

灯信号	白绿色灯光高举头上左右摇动
旗信号	展开的绿色信号旗高举头上左右摇动

表 2-28 车机联控信号标准动作示范

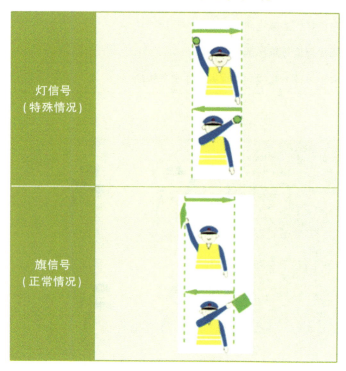

⑨ 信号灯、信号旗保管及携带要求。

不经常需要显示信号的车站，站台岗在领用信号灯、信号旗后将其放置在站台三角间，顶岗、换岗时做好交接，运营结束后归还车控室。

经常需要显示信号的车站，站台岗需将常用的工具随身携带。信号灯、绿色（黄色）信号旗使用右手持握，红色信号旗使用左手持握。使用完毕后，信号灯及时关闭，信号旗及时拢起，双手下垂放于身体两侧。

2. 听觉信号

音响信号，长声为 3 s，短声为 1 s，间隔为 1 s。重复鸣示时，须间隔 5 s 以上。客车、车组、工程车等列车的鸣示方式，如表 2-29 所示。

表 2-29 不同听觉信号代表含义

序号	名称	鸣示方式	使用时机
1	起动注意信号	一长声—	（1）列车起动或机车车辆前进时（双机牵引时，本务机车鸣笛后，尾部机车应回示，本务机车再鸣笛一长声后起动） （2）接近车站、鸣笛标、隧道、施工地点、黄色信号、引导信号、天气不良时

续表

序号	名称	鸣示方式	使用时机
2	退行信号	二长声 ——	客车、机车车辆、单机开始退行
3	警报信号	一长声三短声 — ···	(1) 发现线路有危及行车安全的不良处所时 (2) 列车发生重大、大事故及其他需要救援情况时
4	试验自动制动机复示信号	一短声 ·	(1) 试验制动机开始减压时 (2) 接到试验制动结束的手信号，回答试风人员时 (3) 调车作业中，表示已接受调车员所发出的信号时
5	缓解信号	二短声 ··	试验制动机缓解时
6	紧急停车信号	连续短声 ·····	司机发现邻线发生障碍，向邻线上运行的列车发出紧急停车信号时，邻线列车司机听到后，应立即紧急停车

技能实训

实训 1　道岔故障处置

1. 实训内容

道岔故障处置作业。

2. 实训目标

能够完成道岔发生故障时的故障处置工作。

3. 实训方法

要求学员能熟练掌握道岔故障处置流程及各流程的具体作业标准。

4. 评价标准

在实训过程中主要完成以下考核项目,如表 2-30 所示。

表 2-30　道岔故障处置实训评价标准

考核项目	考核要求	分值	得分
信息接报	1. 发现站级 ATS 工作站上道岔元素显示异常,立即报 OCC、值班站长、综合巡视员	5	
前期处置	2. 根据 OCC 命令,在站级 ATS 工作站上进行相关操作,将操作结果报 OCC	5	
	3. 做好应急广播播放	10	
	4. 接 OCC 将故障道岔用钩锁器钩锁命令后,报值班站长	10	
现场处置	5. 按 OCC 命令,通知值班站长道岔开通方向和钩锁要求,并配合设置 SPKS 或紧停防护	10	
	6. 接值班站长通知,现场人工进路准备完毕,报 OCC	10	
	7. 如道岔不需反复摇动,接值班站长出清线路通知后,取消 SPKS 或紧停防护,报 OCC	10	

续表

考核项目	考核要求	分值	得分
现场处置	8. 如道岔需反复手摇，根据 OCC 命令执行，通知值班站长在安全位置显示"发车"手信号，同时恢复 SPKS 或紧停防护	10	
	9. 如道岔需反复摇动，接值班站长出清线路申请，设置 SPKS 或紧停防护并通知值班站长，待值班站长出清线路后，取消 SPKS 或紧停防护，报 OCC	10	
	10. 根据 OCC 命令，在站级 ATS 工作站上进行相关操作，将操作结果报 OCC	10	
应急终止	11. 接 OCC 应急终止命令，报值班站长	10	

实训 2　人工办理进路

1. 实训内容

人工办理进路的流程和作业标准。

2. 实训目标

熟练掌握人工办理进路的流程及作业标准。

3. 实训方法

要求学员根据人工办理进路的作业标准、作业流程，准确完成人工办理进路作业。

4. 评价标准

在实训过程中主要完成以下考核项目，如表 2-31 所示。

表 2-31　人工办理进路实训评价标准

考核项目	考核要求	分值	得分
准备工具	手摇把、道岔钥匙、钩锁器、铜锁、扳手、对讲机、无线调度电台、探照灯、荧光衣、手套	20	
办理请点	下线路前须向行调请点，得到行调允许方可进入轨行区作业	20	
确认进路	以列车为参照物，从远到近依次确认相应道岔位置开通是否正确	20	
现地手摇	确认道岔需改变开通位置时，应双人操作，共同防护确认，手摇道岔，确认道岔位置开通正确后加锁	20	
后续作业	1. 进路办理完毕、线路出清后，报告车控室 2. 行车值班员接到进路办理完毕、线路出清的汇报后，立即做好相应线路的接车或发车准备工作并报告行调	20	

项目训练

➢ **初级**

判断题

1. 手摇道岔作业人员至岔区后仅需对异物情况进行检查确认。（   ）

2. 报表填写发生错误时，不得乱刮、挖补、涂抹或者用化学药水更改字迹。更改必须用"划线更正法"。（   ）

3. 道岔是轨道线路的重要组成部分，构造复杂，也是线路的薄弱环节之一。（   ）

➢ **中级**

填空题

1. 轨道结构一般由_____、_____、_____、_____、_____及_____等组成。

2. 一组普通单开道岔由_____、_____、_____组成。

3. 报表填写必须_____、_____、_____、_____，填制人员必须严格执行行车台账填写制度。

➢ **高级**

简答题

1. 画出道岔的结构并标注主要组成结构。

2. 简述手摇道岔六部曲。

3. 简述"好了"信号时机及地点。

项目三　安全基础知识

学习目标

（1）了解车站员工安全职责；
（2）掌握车站员工安全行为守则。

技能目标

（1）掌握行车设备故障的应急处置流程；
（2）能够熟练掌握清客作业流程。

知识学习

一、安全生产管理概述

（一）安全生产含义

安全生产是指在劳动过程中，要努力改善劳动条件，克服不安全因素，防止伤亡事故的发生，使劳动生产在保护劳动者的安全健康、国家财产及人民生命财产安全的前提下进行。车站是公司对外的窗口，车站安全工作的质量直接影响到乘客的生命财产安全、公司设备安全。站务车间主要负责轨道交通车站客运服务工作，应认真贯彻各项安全生产规定，杜绝生产安全事故的发生，确保员工和乘客的人身安全、财产安全及设备安全。

（二）安全生产方针

安全生产管理必须坚持"安全第一、预防为主、综合治理"的方针。

（三）安全生产管理原则

（1）安全第一、预防为主的原则。

（2）人人管理、自我管理的原则。

（3）管生产必管安全的原则。

（4）"三同时"原则。指劳动安全设施必须符合国家规定的标准，必须与主体工程同时设计、同时施工、同时投入生产和使用。

（5）"四不放过"原则。指发生事故后，要做到事故原因没查清不放过，当事人未受到处理不放过，群众未受到教育不放过，整改措施未落实不放过。

（四）安全生产管理责任制

（1）实行"谁主管谁负责"的安全生产责任制。

（2）安全工作必须做到与生产工作同时进行。

（3）车站、班组须建立和完善安全生产责任制，落实每个岗位、每个员工的安全职责。

（4）安全生产责任制的具体要求：

① 站长是本站安全生产的责任人。

② 按照逐级负责的原则，车间与车站，车站与班组、员工应当层层签订安全责任状，做到层层有人抓、处处有人管。

③ 车间对车站的安全生产责任制执行情况、安全目标的完成情况进行检查和考核，并兑现安全责任状。

（五）车站安全管理网络图

车间的安全管理体系组织由车间、车站二级组成。车站级由所辖线路各站站长组成，车站（班组）必须配备一名专（兼）职安全管理人员，协助领导负责本部门的日常安全生产管理工作。车站安全管理网络如图 3-1 所示。

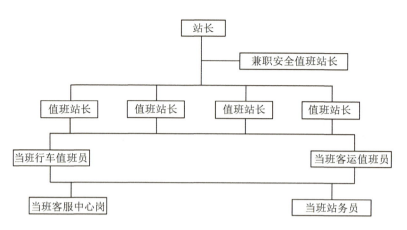

图 3-1 车站安全管理网络图

（六）安全生产职责

1. 车站班组安全职责

（1）负责班组安全生产管理工作。

（2）认真贯彻执行各项安全管理制度和操作规程。

（3）班前做好安全预想，班中做好现场安全控制，班后做好安全工作总结。

（4）落实各岗位安全生产责任制，做好班组员工安全教育。

（5）发生事故，做好现场处置，并及时报告上级。

（6）做好班组的安全生产台账记录。

2. 车站兼职安全管理人员安全职责

（1）宣传贯彻执行有关安全生产的法律法规和企业各项规章制度，协助本站站长开展安全管理工作。

（2）参与制定本站各项安全生产管理制度和安全操作规程，检查落实安全生产责任制。

（3）对员工进行安全教育，增强员工的安全意识。

（4）参与上级部门组织的安全检查，负责组织本站的安全生产检查，制止各种违章行为，落实生产事故隐患整改措施。

（5）负责特种设备的安全管理工作。

（6）做好安全生产台账的登记工作。

（7）参与生产安全事故的调查处理工作。

（8）组织本站安全生产工作的考评。

3. 车站员工安全职责

（1）依法获得安全生产保障的权利，并应当依法履行安全生产方面的义务。

（2）认真学习和严格执行分公司安全生产规章制度，服从管理，积极参加安全生产各项活动。

（3）正确佩戴和使用劳动防护用品、防护器具，在自己的职责范围内做好安全工作，杜绝"三违"（违章指挥、违章作业和违反劳动纪律）情形。

（4）严格执行作业标准化，发现不安全情况应立即采取措施，并向现场安全人员或者站长报告。

（5）接受安全生产教育和培训，掌握本职工作所需要的安全生产知识，提高安全生产技能，增强事故预防和应急处理能力。

（6）了解本岗位及作业场所的危险因素、防范措施及事故应急措施，对本站的安全生产工作提出建议。

（7）配合做好各项应急演练，并对演练中发现的问题进行整改落实。完成上级交办的其他安全生产任务。

（七）车站员工安全教育培训

1. 安全教育培训的目的

车站员工安全教育培训的目的是使员工掌握安全生产知识，提高安全生产技能，增强事故预防及应急处理能力，自觉遵守国家安全生产法规、分公司安全管理制度和安全技术操作规程，实现安全生产。

2. 员工的教育培训制度

（1）员工要接受安全教育培训，安全教育培训的内容可参照各轨道公司制定的相关安全管理办法。

（2）实行三级安全教育。

三级安全教育是对新进人员、离岗复工人员、岗位调整人员及培训、实习人员上岗前必须开展的一项安全教育。第一级安全教育是分公司级安全教育，一般由安保部实施；第二级安全教育是部门级安全教育，由各车间安全工程师负责组织实施；第三级安全教育是班组级安全教育，由班组（车站）兼职安全员负责实施。三级安全教育的具体要求如下：

① 所有员工必须经一、二、三级安全教育培训，并逐级考试合格后，方可上

岗。对二、三级安全教育考试不合格的人员，允许有一次补考，补考仍不合格者，按分公司相关规定及程序处理。

②新进员工接受三级安全教育时间不得少于24学时，二、三级安全教育时间均不得少于8学时。三级安全教育考试成绩应记录在员工个人"三级安全教育登记卡"上，且本人须对考试成绩进行签名确认。

③员工岗位调整和离岗复工应尽可能接受三级安全教育，各班组（车站）、车间、中心三级安全考试成绩须有电子档汇总，并及时更新。员工本人须对三级安全教育登记卡上的考试成绩进行确认并签名。

（3）"五新"作业安全教育。指实施新工艺、新技术或者使用新设备、新材料、新产品时，中心应当组织有关从业人员重新进行有针对性的安全教育培训。

（4）特种作业人员安全培训。特种作业人员必须按照国家有关法律、法规的规定接受专门的安全培训，经考核合格，取得特种作业操作资格证书后，方可上岗作业，并按规定进行复核。

（八）车站安全生产例会及安全生产检查

1. 车站安全生产例会

车间安全生产领导小组及各站长每月召开一次安全工作例会，安全工作例会可与车间生产例会合并召开。车站站长根据车间安全工作例会精神，每月组织召开一次安全工作月度例会，安全工作月度例会可与车站月度生产例会合并召开，做好当月车站安全工作总结，布置下月车站安全生产工作计划。

2. 车站安全生产检查

安全生产检查是一项综合性的安全生产管理措施，是做好安全生产工作，预防事故，消除事故隐患，减少职业病的有效方法。安全生产检查是对车站每位员工执行分公司安全生产规章制度，落实安全生产责任制，了解安全生产状况、劳动条件、事故隐患及整改等情况的综合检查。

车站安全生产检查分为车站日常安全检查、车站节前安全大检查、车站安全专项检查三部分。

（1）车站日常安全检查：车站实行每日安全检查制度，根据工作内容和生产场所的实际情况，落实作业前安全检查、作业中安全监护、作业后安全清理。

（2）车站节前安全大检查：分公司安委会在每季度和重大节假日前，组织一次全面安全大检查,车站配合做好节假日运营准备、治安消防等方面的检查工作。

(3) 车站安全专项检查:车站配合做好各专项检查,如防洪检查、防雷检查、防寒检查、危险品检查、特种设备检查、施工安全检查、特殊工种持证检查等。

3. 安全检查的形式

安全检查采取的形式可分为:抽问、查录音、录像回放、查台账、查操作记录、安全测试和突击演练等。

4. 安全检查的频率及内容

各层级开展安全检查的频率及检查内容,按表3-1执行。

表3-1 各层级开展安全检查的频率及检查内容

检查类别	级别			检查主要内容
	中心	各车间	各班组	
日常安全检查	至少1次/月	至少2次/月,乘务、站务车间夜间检查至少1次/月	至少1次/天。根据工作内容和生产场所(车站包括地铁保护区)实际情况,落实作业前安全检查、作业中安全监护、作业后安全清理	以查思想、查纪律、查管理、查意识、查设备、查安全措施及整改情况为主要内容。夜班检查以查劳动纪律、查现场实际操作为主要内容
节前安全大检查	元旦、春节、"五一"、国庆节等法定节假日前开展,此项检查以各车间、班组自查为主,各车间同时做好迎接分公司安全检查的准备,中心进行抽查			以查现场管理、安全培训、安全防护措施的制定与落实,危险源的管理,演练计划的执行情况,事故隐患的排查治理情况,节假日生产安全保障和治安、消防安全保障等为主要内容
安全专项检查	根据上级要求和中心、车间自身实际情况组织开展			查防台防汛、防暑降温、防寒过冬、标准用语、施工管理和安全生产责任制的落实情况等

(1) 检查前,中心、车间、班组(车站)要制订检查计划,明确检查内容,合理安排检查人员。中心、车间组织的检查由中心/车间负责人或分管领导带队,以各专业工程师参与的形式开展。班组日常检查由班组长带队。

(2) 检查过程要对检查时间、内容、发现问题、整改措施和期限等有详细的书面记录，每月由各级专兼职安全管理人员整理汇总。

（3）中心、车间组织的检查，以检查通报的形式对检查问题进行通报，限定整改措施、完成期限和复查期限。一般安全问题原则上在 3 天内须完成整改，整改完成后 2 天内由检查人员进行复查。较大的或涉及其他中心的安全问题，由车间报中心协调解决。

（4）责任车间、班组和个人应按照整改意见落实整改，整改完成后，通知中心或车间进行复查，对整改不力的车间、班组和个人进行考评。

对于在中心、车间组织的安全检查中发现的问题，须同时在分公司安全管理平台上进行提报、跟进整改，并于整改完毕后两个工作日内进行复查。

二、员工通用安全

（一）员工通用安全行为守则

（1）在生产作业过程中要时刻牢记"安全在我心中"。

（2）通过道口，遵守"一停、二看、三通过"的规定。

（3）当班期间，专心致志，履行本岗职责，遵守安全规程，保证安全作业。

（4）熟知消防安全"四懂四会"。

① 四懂：懂得岗位火灾的危险性，懂得预防火灾的措施，懂得扑救火灾的方法，懂得逃生的方法。

② 四会：会使用消防器材，会报火警，会扑救初起火灾，会组织疏散逃生。

（5）熟知"五注意"。

① 注意警示标志，谨防意外。

② 注意扶梯运行，谨防夹伤。

③ 注意地面积水积油，谨防滑倒。

④ 注意高空坠物，谨防砸伤。

⑤ 注意设备异常，及时发现排除故障，谨防酿成事故。

（6）熟知"六必须"。

① 必须坚守工作岗位，遵章守纪。

② 必须正确使用劳保防护用品。

③ 跨越线路必须遵守"一停、二看、三通过"的规定。

④ 施工前后必须做好防护、清理现场、出清线路。

⑤ 堆放物品必须整齐牢固。

⑥ 发现违章操作必须坚决加以制止。

（7）熟知"七不准"。

① 不准在线路附近舞动绿色、黄色、红色物品。

② 不准在站台边缘与安全线之间坐卧、行走、堆放物品。

③ 不准发出违章指令。

④ 不准在行车场所追逐打闹、打架斗殴。

⑤ 不准使用有安全隐患的工具、设备。

⑥ 不准臆测行车。

⑦ 不准当班饮酒。

（8）熟知"八严禁"。

① 严禁擅自跳下站台和进入隧道。

② 严禁携带易燃易爆剧毒等危险物品进站、乘车。

③ 严禁上下行驶中的车辆。

④ 严禁擅自进入行车部位和重要设备场所。

⑤ 严禁擅自触动机械、设备、设施。

⑥ 严禁攀登到机车、车辆和车载货物顶部。

⑦ 严禁擅自移动防护装置、改换警示标志。

⑧ 严禁顺着线路行走在道心、枕木上，严禁脚踏轨面和道岔尖轨。

（9）熟知"十防止"。

① 防止人员误进轨行区、违规携带危险品进站乘车。

② 防止调度人员错办进路、错发调度命令，防止司乘人员未确认信号、道岔、进路动车。

③ 防止列车超速运行、错开车门、开门走车、夹人夹物走车。

④ 防止列车冲突、脱轨、追尾、冒进信号。

⑤ 防止车辆制动系统失灵、悬挂装置脱落。

⑥ 防止道岔失控、信号显示错误。

⑦ 防止接触轨触电伤亡，防止接触网（轨）错送电、漏停电。

⑧ 防止发生弓网事故、轮轨事故。

⑨ 防止轨行区设备设施超限、施工清场不彻底。

⑩ 防止重点部位火灾及消防联动设备失效。

(二) 员工通用安全作业要求

1. 消防安全要求

(1) 严禁在易燃易爆物品处动火,站内、隧道内作业禁止吸烟。

(2) 在计划安排需要动火的作业前,按照作业动火等级报安保部进行审核批准备案,获取作业动火令,经批准后方能上报作业计划。

(3) 进行现场作业前,须将动火前的防护措施布置到位;必要时,配备灭火器等消防设施。

(4) 作业中,须时刻注意动火的影响范围及设备区域的受影响程度,确保现场作业的安全与设备设施的安全运行。

(5) 作业后,及时将现场的易燃物及时清除,将现场未熄尽的物品材料及时处理完毕。完工后,对现场采取的安全保护措施予以拆除或回收,做到工完料尽场地清。

(6) 发现火灾,立即报119。

(7) 发生火灾,有义务组织引导乘客按逃生线路离开现场。

(8) 严禁随意移动消防器材和妨碍消防器材的使用。

(9) 不准随意使用消防水。

(10) 熟练掌握灭火器材的使用方法。

(11) 用水或泡沫灭火器浇灭距离接触网带电部分不足 4 m 的着火物体时,接触网必须停电;若使用沙土灭火时,距接触网在 2 m 以上者可不停电。

(12) 用水扑灭距接触网超过 4 m 的燃着物体,可以不停电,但必须注意使水不向接触网的方向喷射,并保持水流与带电物体的距离在 2 m 以上。

2. 进入气体灭火系统设备房的安全规定

(1) 有气体灭火系统保护的设备用房无人时,要求防护区的所有防火门处于关闭状态。

(2) 当人员在进设备房前将门口的灭火控制盘上的隔离/正常旋钮放在隔离位置,并保证通向外部的防火门处于打开状态。

(3) 对有人值班的设备房将门口的灭火控制盘上的隔离/正常旋钮放在隔离位置,并要求值班人员知晓通向外部的防火门位置。

(4) 在离开设备房时，确保防护区的所有防火门已经处于关闭状态。

(5) 在离开设备房后，将门口的灭火控制盘上的隔离/正常旋钮恢复到正常位置。

(6) 设备房内禁止抽烟。

(7) 平时在进出设备房，需要操作 REL 设备时，请到车控室借用钥匙。在火警需要操作 REL 设备时，可以直接打碎 REL 的玻璃进行需要的操作。

(8) 气体灭火系统气体喷放后，一定要等到防护区内气体全部排完才能进入设备房，正常情况下，要求喷放后至少 30 min 才能进入。

3. 用电安全要求

(1) 严禁私拉乱接电线，严禁私设电网防盗、防鼠等；严禁攀登、跨越电力设施的保护围墙或遮护栏。

(2) 各种设备的漏电保护器、熔断器及其他保护装置，应符合标准，不应任意改动，并应定期检查测试。

(3) 电源插座按用电容量使用；发现用电设备异常、有焦味要立即断电检查，及时处理，严禁带故障运行。

(4) 下班后及时关闭各类电源；长时间（24 h 以上）停用的电器，应拔下电源插座。

(5) 使用电热器具，应与可燃物体保持安全距离，人离开时应断开电源；照明灯具下方禁止堆放可燃物。

(6) 作业须严格执行电气安全规程。

4. 触电急救知识

(1) 发现有人触电，严禁赤手接触触电人。应迅速将触电者脱离电源：把就近电源开关切断或使用绝缘钳、木柄斧切断电源线，或用绝缘物将触电者与带电体分离。

(2) 在切断电源的同时，要考虑防止触电者脱离电源后摔伤的措施。

(3) 触电者脱离电源后，应就地迅速采取急救措施，同时报 120 急救。

(三) 安全奖惩

(1) 对在遵守安全生产相关制度、维护公司安全生产成绩突出、防止安全事故、参加抢险救护等方面取得显著成绩的单位和个人，按公司相关规章制度的有关规定给予表彰和奖励。

（2）员工违反安全制度，情节较轻，给予批评教育，限期改进；情节严重，造成损失和影响，按公司相关规章制度的有关规定给予处罚和处分。对故意隐瞒事故或弄虚作假降低事故等级的责任人，按查实的事实提级处分。

（3）因发生运营事故受到各种处分的员工，可同时附加罚款或令其适当赔偿经济损失。

（4）对发生重特大生产安全事故的，同时按国家有关法律处理。

三、消防安全管理

（一）术语与定义

1. 消防安全重点部位

消防安全重点部位是指容易发生火灾或一旦发生火灾可能严重危及人身和财产安全，以及对消防安全有重大影响的部位，包括车站、控制中心大楼、电客车、工程车（不含非动力车厢）、主变电站（所）、物资仓库（含危险品库）、食堂、档案室、区间隧道。

2. 动火作业

动火作业指因工作、施工需要使用电、气焊（割）、砂轮等操作时，可产生火焰、火花及炽热表面的临时性作业。

（二）消防安全教育

1. 消防安全教育的内容

（1）有关消防法规、安全制度和保障消防安全的操作规程。

（2）本岗位的火灾危险性知识和防火措施。

（3）有关消防设施的性能、灭火器材的使用方法。

（4）报火警、扑救初起火灾以及自救逃生的知识和技能。

（5）火灾预案知识。

（6）火灾案例介绍。

2. 消防安全教育的形式和周期

企业应采取多种形式，定期对员工（含委外人员）开展消防安全教育，增强员

工的防火安全意识，提高员工自防自救能力；各部门（中心）结合本部门（中心）实际情况，对员工开展消防安全教育，每季度不少于一次。

3. 消防安全日常检查内容

（1）火灾报警系统（FAS）：控制盘、联动盘（箱）和工作站是否在位、是否完好无缺；检查控制盘和工作站的显示情况，判断系统是否在正常运行、是否有故障或报警信息。

（2）气体灭火系统：控制盘、手/自动开关、紧急启动按钮及紧急止喷按钮是否在位且完整；检查控制面板显示情况，是否在正常运行，是否有报警信息；气瓶间内设备是否在位、完整，钢瓶气压是否正常，电磁阀及机械启动器是否处于正常位置。

（3）消火栓、灭火器箱：箱封条是否完好，若封条破坏或没有，则打开箱内检查设备是否在位、完整，确认完好后贴上封条；车站公共区域内消火栓、灭火器箱封条有效期为半个月，其余场所封条有效期为一个月，封条到期后必须开封检查箱内设施，确认完好后重新贴上封条。

（4）疏散导向：安全出口、疏散通道是否畅通，紧急疏散门疏散方向是否畅通，安全疏散指示标志、应急照明是否在位、完好。

（5）防火门：是否能够关闭和开启，是否在规定的开闭状态，是否在位、完整，门体、框无异常，闭门器无损坏，门锁完好，关闭严密。在日常使用中，各部门应正确使用防火门，严禁用脚踢门、用手推车撞门等行为；不得用物件顶住防火门门体，使门不能正常关闭；应保持门体的整洁，不得在门体上张贴公告、通知、警告等。

（6）灭火器：灭火器是否在有效期内，气压指示是否正常。

（7）防毒面具：防毒面具是否在位、完整、有效。

（8）呼吸器：呼吸器是否在位、完整，气体压力是否正常。

（9）自动喷淋系统：安装应牢固，无被遮挡。

（10）室内消防管固定卡：安装应牢固，不脱漆锈蚀。

（11）防火卷帘：应无障碍物影响其使用，不变形，无损坏。

（三）动火管理

1. 对动火作业实行严格的许可证管理制度

（1）禁止在未办理动火审批手续情况下，在具有火灾、爆炸危险的场所、车站、控制中心大楼、隧道等人员密集或发生火灾会影响行车安全的重要部位进行动火作业。

(2) 因特殊情况在以上部位进行动火作业的,必须按规定办理动火审批手续;进场动火作业前,应按运营分公司相关规定办理作业登记。

2. 临时动火作业的分级范围

(1) 一级动火范围:物资部油库、危险品库及存放易燃易爆物品(包括油、煤气、液化气)的仓库区域,控制中心大楼,食堂,电客车,工程车(不含非动力车厢)等。

(2) 二级动火范围:车站、变电站(所)、隧道区间、信号楼等。

(3) 在运营期间进行的车站、二级临时动火作业升级为一级临时动火作业的隧道区间。

(4) 三级动火范围:运用库、检修库、轨道车库、运营综合楼等一、二级动火范围外的部位,不包括允许正常使用电气焊(割)、砂轮及其他动火工具从事检修、加工设备及零部件的区域。

凡可撤出一、二级动火区的动火作业,应撤出一、二级动火区。

3. 临时动火作业许可证的申报、审批

(1) 临时动火作业许可证的申报。

由动火安全负责人填写《临时动火许可证》,应填报防火措施、动火点周围情况、动火点能否动火、确认的动火人员、现场安全负责人的动火资格、动火时间及动火级别,由车间安全员审查同意后提报。

(2) 临时动火作业许可证的审批。

① 一级临时动火作业许可证的审批由安保部负责。

② 二级临时动火作业许可证的审批由动火作业部门(中心)负责。

③ 三级临时动火作业许可证的审批由动火作业车间负责。

④ 在二、三级临时动火作业范围内进行砂轮作业,在保证动火点现场 5 m 范围内无易燃物时,可不办理临时动火作业许可证。

4. 紧急情况下临时动火作业流程

(1) 紧急情况的定义范围为:《设备设施故障管理要求》中规定的 A 类故障或者发布抢修令的作业及 B 类故障中卷帘门维修作业。

(2) 紧急情况下的动火令,由车间调度员根据现场作业人员提供的现场情况填

写《运营分公司临时动火许可证》，并传真至车站车控室。现场安全负责人按照各级动火的审批要求，用录音电话进行电话审批。车站根据传真的动火许可证及电话审批内容，办理相关手续。动火部门事后补办相应审批手续。

（3）动火作业期间，车站按要求进行作业场所的巡视。

（4）除审批过程外，其余动火作业相关要求仍按照正常流程执行。

四、应急管理

（一）应急管理定义

应急管理是指针对可能发生的事故，为迅速、有序地开展应急行动而预先制定的行动方案，又称预防和应急处理预案、应急处理预案或应急救援预案。

（二）应急管理目的

为了提高保障公共安全和处置突发事件的能力，有效维护运营安全，最大限度地预防和减少各类突发事件及其造成的损害，保障公众健康和生命财产安全，维护社会秩序稳定。

（三）应急处置流程

1. 先期处置

（1）车站控制室值班人员在接到现场事发报告或车站综合监控系统的报警信息后，应组织有关人员去现场对异常现象进行查看和确认，并向OCC报告。

（2）若现场一时难以判断清楚突发事件，可先报告现场情况，而后继续确认，随时报告。如发现报告内容有误时，应立即给予更正。

（3）车站值班站长可先启动本车站的突发事件现场处置方案，组织车站工作人员进行先期处置，如扑灭初期火警、启动排烟风机、保护事发现场、疏散乘客、救护伤员等，并不断地向OCC报告现场情况。

（4）根据事件性质、伤亡状况和影响范围，报请110、119、120、轨道交通治安分局参与救援。

2. 应急响应

OCC接报各类预警、设备设施故障或事故（事件）信息、影响运营安全事件时，应立即组织现场处置，须抢险救援时，OCC 及时向相关单位发布启动应急预案命令。车站在接到 OCC 启动的应急预案命令时，值班站长应组织车站各岗位人员根据相关现场处置方案既定要求，开展各项处置工作。

3. 应急处置

（1）发生事故事件时，车站相关岗位须按应急预案的规定展开先期处置工作。

（2）在接到应急救援信息后，相关部门应立即组织救援人员赶赴现场，在现场处置关键部门的召集下，成立现场指挥部，执行应急指挥部指令，制定抢修方案，确定防护措施、开通条件，指挥现场开展抢修。现场处置应执行以下规定：

① 先期处置指挥权按相关预案要求执行。先期处置负责人须做好各救援单位到达救援现场时的召集工作。

② 现场处置关键部门人员到达后，确认先期处置情况，交接指挥权，确定现场负责人（现场负责人应为该单位现场最高职位领导）。

③ 各救援单位到达事故现场，救援队长应立即向现场负责人报到，提供专业救援方案，接受现场负责人指挥。

④ 现场负责人应组织各救援单位共同制定抢修方案，确定防护措施、开通条件，指挥现场抢修。

⑤ 各救援单位应服从现场负责人指挥，到达现场、确定方案、完成处置、出清现场均应得到现场负责人同意方可执行。

⑥ 现场指挥部应加强与 OCC 信息沟通，确定处置措施、完成抢修等各类动态信息须第一时间通报 OCC，并执行应急指挥部指令。

⑦ 现场处置关键部门职位更高的领导到达时，应做好现场负责人变更，并报 OCC；现场指挥部认为有必要变更现场负责人时，应得到应急指挥部的同意，或按照应急指挥部的指令变更现场负责人。

4. 应急结束

运营突发事件处置工作基本完成，次生、衍生灾害和事件危害基本消除，由公司应急指挥部根据上级部门指示或现场条件决定终止应急状态，转入正常工作。必要时，可通过广播电台、电视台和新闻媒体向社会发布应急结束的消息。

突发事件应急处置流程如图 3-2 所示。

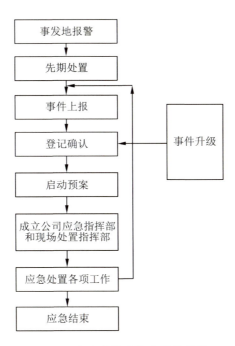

图 3-2　突发事件应急处置流程图

技能实训

实训 1　城市轨道交通运营安全情况检查表

1. 实训内容

掌握运营单位的安全管理制度、应急救援工作、公共安全防范管理和安全保护区管理工作。

2. 实训目标

熟悉运营单位的安全管理工作并能够完成安全情况检查表。

3. 实训方法

要求学员根据运营单位的安全管理制度、应急救援工作、公共安全防范管理和安全保护区管理工作，完成安全情况检查表填写。

4. 评价标准

在实训过程中，要求学生完成表 3-2 所示的城市轨道交通运营安全情况检查表，满分 100 分，缺项漏项扣 5 分。

表 3-2　城市轨道交通运营安全情况检查表

被检查单位名称：　　　　　　　　　　　　　　　　　　　　　　检查时间：　　年　月

序号	检查内容	检查要求	分值	检查方式及扣分标准	检查结果	扣分	备注
1	定期组织开展联动，应急演练情况	检查组织开展联动，应急演练文件资料	10	未按规定组织开展联动应急演练的，扣 10 分，可以提供图片、视频和相关微信、QQ 记录			
2	城市轨道交通运营安全重大故障和事故报送制度情况	检查重大故障和事故报送资料	15	存在城市轨道交通运营安全重大故障和事故迟报、漏报、谎报的，每起扣 3 分，最高扣 15 分			

续表

序号	检查内容	检查要求	分值	检查方式及扣分标准	检查结果	扣分	备注
3	落实"隐患清零"工作情况	检查"隐患清零"工作文件资料	15	1. 未指定"隐患清零"工作制度的，扣3分，以正式文件为准 2. "隐患清零"工作台账（含隐患清单、整改措施、整改期限、整改责任人），每缺一项扣3分			
4	运营单位安全管理情况	检查运营单位相关安全管理制度	20	1. 无安全例会、安全突发事件报告记录，缺一项扣2分，以会议记录为准 2. 无安全管理人员名单、安全责任制考核和奖惩制度记录，缺一项扣2分 3. 无关键设施设备（车辆、信号、通信、自动售检票）检查维护制度和记录，缺一项扣2分 4. 无重点岗位（列车驾驶员和行车调度员、行车值班员、信号工、通信工等）安全责任制、培训记录、考核记录，缺一项扣2分			
5	运营单位应急救援工作情况	检查运营单位应急救援是否到位	15	1. 无综合应急预案的，扣2分，以正式文件为准 2. 无消防、反恐、防汛、大客流应对等专项应急预案的，缺一项扣2分，以正式文件为准 3. 无各类开展应急演练情况记录的，缺一项扣1分，最高扣10分，以图片、视频为准			

续表

序号	检查内容	检查要求	分值	检查方式及扣分标准	检查结果	扣分	备注
6	公共安全防范管理工作情况	现场检查1个车站	15	1. 安检人员执勤勤务、行为举止不符合规范，以及使用安检设备不合规，缺一项扣1分，最高扣6分 2. 安检人员对危险品的辨识及处置和应急反应不符合规定和要求，缺一项扣1分，最高扣5分 3. 无安检人员处理禁限带物品的记录情况和上报记录的，缺一项扣1分，最高扣5分 4. 站内反恐、消防设施不备齐，缺一项扣1分，最高扣5分			
7	安全保护区管理情况	现场勘察1条线路的主要安全保护区	10	1. 未制定安全保护区管理制度，扣2分，以正式文件为准 2. 无安全保护区定期巡查记录，扣2分 3. 无周边风险隐患排查、检查记录，扣2分			

备注：1. 检查表满分100分；2. 单项分数扣完为止。

实训 2　清客及区间疏散行车组织规定

1. 实训内容

了解列车清客及区间疏散的情况及要求等内容。

2. 实训目标

熟练掌握列车清客及区间疏散的操作及要求。

3. 实训方法

（1）列车清客及区间疏散的条件如表 3-3 所示。

表 3-3　列车清客及区间疏散的条件

清客条件	1. 列车担任救援列车时，原则上在故障点前一站组织清客，空车担任救援 2. 列车不能继续维持运营时清客，空车下线 3. 因调整列车运行，在小交路折返时组织清客或上下客 4. 当电客车发生爆炸、火灾等危及乘客人身安全的紧急情况时，在车站立即组织清客
区间疏散条件	1. 地下和高架线路因设施设备故障等原因导致列车迫停区间预计超过 30 min，应组织区间乘客疏散 2. 当电客车发生爆炸、火灾等危及乘客人身安全的紧急情况时，在区间迫停时立即组织区间疏散

（2）列车清客及区间疏散的要求如表 3-4 所示。

表 3-4　列车清客及区间疏散的要求

清客要求	1. 清客或区间乘客疏散需经值班调度长批准，由行调发布调度命令 2. 原则上列车清客在 2 min 内完成 3. 除组织小交路运行外，不允许连续两列列车在同一车站清客 4. 列车部分驶入站台且需要清客时，车站组织利用站台区域滑动门或应急门对应车门进行清客，列车应播放广播进行引导
区间疏散要求	1. 有计划组织区间乘客疏散时，必须等车站人员到达现场再开始疏散乘客；发生危及乘客安全的情况时，须立即组织乘客疏散 2. 执行区间乘客疏散时，车站安排人员把守区间两端，有条件的情况下尽可能在联络通道、联络线等区域把守 3. 乘客疏散路径途经联络通道时，邻线列车须限速 25 km/h 运行，并加强瞭望 4. 乘客疏散路径途经联络线时，另一条线路相应线路须中断列车运行 5. 因危及乘客安全而紧急疏散时，或上下行线共用疏散平台时，或乘客疏散路径途经渡线、存车线时，必须同时中断上下行线行车 6. 线路恢复后，疏散区间上下行首列车运行速度不应超过 25 km/h，确认无人员及物品遗留后恢复正常运行

4. 评价标准

在实训过程中,主要完成如表 3-5 所示的考核项目。

表 3-5 清客及区间疏散作业实训评价标准

考核项目	考核要求	分值
列车清客情况判别	了解列车清客的所有条件	20
列车清客要求	了解列车清客的相关要求	30
区间疏散情况判别	了解区间疏散的所有条件	20
区间疏散要求	了解区间疏散的相关要求	30

项目训练

➢ **初级**

判断题

1. 事故分为特别重大事故、重大事故、较大事故和一般事故四级。（   ）

2. 通过道口，遵守"一停、二看、三通过"的规定。（   ）

3. 城市轨道交通公共安全的处置主体是公安机关。（   ）

➢ **中级**

选择题

1. 依据国家《生产安全事故报告和调查处理条例》规定，事故分为（   ）级。

   A. 一　　　　　　B. 二　　　　　　C. 三　　　　　　D. 四

2. 安全生产的方针是（   ）。

   A. 安全第一，预防为主，综合治理　　B. 管生产必须管安全

   C. 防止职业危害　　　　　　　　　　D 预防安全事故，持证上岗

3. 安全第一，预防为主是安全生产管理的（   ）。

   A. 法规　　　　　B. 政策　　　　　C. 原则　　　　　D. 要求

➢ **高级**

简答题

1. "三违"指的是哪些内容？

2. 什么是"四懂四会"？

3. "四不放过"原则是什么？

项目四　列车运行组织

学习目标

(1) 了解行车系统的组成；
(2) 理解行车组织流程；
(3) 掌握行车组织作业程序。

技能目标

(1) 会计算列车周转时间；
(2) 会计算单列车的技术时间。

知识学习

一、列车运行概述

城市轨道交通列车运行组织可分为正常情况下的列车运行组织和非正常情况下的列车运行组织。

正常情况下的行车组织是指在设备及客流比较稳定的情况下，列车采用基本行车闭塞法和行车指挥的方式运行，实现行车指挥自动化、调度集中和调度监督的功能，行车工作状态正常。正常情况下包括了行车指挥自动化时的列车运行组织和调度监督下的行车组织。

非正常情况下的列车运行组织是指列车在运行控制设备等出现故障时，采用代用闭塞法或车站控制的方式运行。轨道交通采用的代用闭塞法主要是电话闭塞法。非正常情况下的行车组织包括非正常情况下的列车运行组织和非正常情况下的行车作业方法。

二、列车运行计划

为了经济合理地运用轨道交通各种技术设备，实现高服务水平、高效率和低成本的运营目标，轨道交通的运营组织必须以列车运行计划为基础。

（一）全日行车计划

全日行车计划是营业时间内各小时开行的列车数计划，它是编制列车运行图和确定车辆运用的基础资料。

1. 编制要素

全日行车计划是根据营业时间内分时最大断面客流量、列车定员数和线路断面满载率，以及希望达到的服务水平进行编制的。全日行车计划编制的基础是客流情况，其要素包括：营业时间、分时最大断面客流量、列车定员数、线路断面满载率等。

（1）营业时间。

营业时间的安排主要考虑两个因素：一是考虑市民出行活动的特点，方便乘客；二是满足轨道交通各项设备检修施工的需要。世界上大多数城市的轨道交通营业时间在 18~20 个小时，个别城市是 24 小时运营，如美国的纽约和芝加哥。适当延长运营时间，是轨道交通服务水平的体现。

（2）分时最大断面客流量。

始发地和目的地（Original Destination，简称 OD）客流数据是计算最大断面客流量的原始资料。根据站间 OD 客流数据，首先计算出各站上下车人数，然后计算出断面客流量，最后得出最大断面客流量。在新线投入运营时，站间 OD 客流数据来源于客流预测资料；在既有线路运营时，站间 OD 客流数据来源于客流统计或客流调查资料。由于在客流预测资料中，通常只有高峰小时与全日站间 OD 客流预测数据，分时最大断面客流量的确定可采用下列两种方法：在已知高峰小时最大断面客流量的基础上，根据分时客流占高峰小时客流的比例进行确定；或者在已知全日最大断面客流量的基础上，根据分时客流占全日客流的比例进行确定。

(3) 列车定员数。

列车定员数是列车编组辆数和车辆定员数的乘积。

列车编组辆数的确定以高峰小时最大断面客流量作为基本依据。在客流量与列车运能一定的情况下，列车编组辆数取决于列车间隔和车辆选型。但在列车密度已经较大时，为满足增长的客流需求，增加列车编组辆数往往成为选用措施。此时，轨道交通保有的运用车数是增加列车编组辆数的限制因素之一，其他限制因素包括站台长度等。

车辆定员数取决于车辆的尺寸、车厢内座位布置方式和车门设置数。一般而言，在车辆限界范围内，车辆长宽尺寸越大，载客越多，车厢内座位纵向布置较横向布置载客要多。

(4) 线路断面满载率。

在实际工作中，线路断面满载率通常是指早高峰小时、单向最大客流断面的车辆载客能力利用率，它与单向最大断面客流量、单位时间内开行的列车数、列车编组数及车辆定员数有关。

线路断面满载率既反映了列车在最大客流断面的满载程度，也反映了乘车的舒适程度。为提高车辆利用率、降低运输成本，在编制全日行车计划时，高峰小时可适当超载。

2. 编制过程

在根据分时最大断面客流量、列车定员数及线路满载率，计算出营业时间内分时开行列车数和行车间隔时间后，还需考虑乘客便利性、服务质量等因素，检查是否存在某段时间内行车间隔时间过长的情况，调整开行间隔，最终确定全日行车计划。

行车间隔时间过长，会增加乘客的候车时间，降低乘客的出行速度，这不利于吸引客流。为方便乘客、提高服务水平，轨道交通系统在非高峰运营时间内应视轨道交通线路沿线的客流状况，合理确定行车间隔，最终确定的行车间隔时间不宜大于10 min。另外，高峰时的行车间隔的确定应检验是否与列车折返能力相适应。

表4-1为某条线路的全日行车计划。

表 4-1　某条线路的全日行车计划

运营时间	理论计算		实际运行	运营时间	理论计算		实际运行
	开行列车数	行车间隔	行车间隔		开行列车数	行车间隔	行车间隔
5:00—6:00	6	10 min	7~10 min	14:00—15:00	10	6 min	5 min
6:00—7:00	8	7 min 30 s		15:00—16:00	12	5 min	
7:00—8:00	15	4 min	3 min 45 s	16:00—17:00	14	4 min 20 s	4 min
8:00—9:00	16	3 min 45 s		17:00—18:00	15	4 min	
9:00—10:00	10	6 min	5 min	18:00—19:00	15	4 min	
10:00—11:00	10	6 min		19:00—20:00	10	6 min	6 min
11:00—12:00	12	5 min		20:00—21:00	10	6 min	
12:00—13:00	11	5 min 25 s		21:00—22:00	6	10 min	6~10 min
13:00—14:00	10	6 min		22:00—23:00	6	10 min	

（二）列车运行方案

列车运行方案包括列车交路方案、列车编组方案、列车停站方案三部分。在列车运行方案中，列车交路方案规定了列车的运行区间与折返车站；列车编组方案规定了列车是固定编组还是非固定编组，以及列车的编组辆数；列车停站方案规定了列车是站站停车还是非站站停车，以及非站站停车的方式。此外，列车运行方案还规定了按不同编组、交路和停站方案开行的列车数。

列车运行方案是日常运营组织的基础。列车运行方案的制定应遵循客流分布特征与运营经济合理兼顾的原则，以实现既能维持较高的乘客服务水平，又能提高车辆运用效率的目标。

1. 列车交路方案

列车交路方案规定了列车运行区段、折返车站以及按不同交路运行的列车数量。

（1）列车交路。

列车交路分为大交路和小交路两种。

① 大交路。大交路是指列车在线路的两个终点站间运行，到达线路终点站后折返，如图 4-1 所示。大交路列车运行组织简单，对中间站折返设备要求不高，适合于全区段客流量比较均衡的线路，但在各区段客流量不均衡程度较大的情况下，会

产生部分区段运能的浪费。

图 4-1　大交路

② 小交路。小交路是指列车在线路的某一区段内运行，在指定的中间站折返，如图 4-2 所示。小交路能提高断面客流较小区段的列车满载率，但需要设置中间折返站，并且该折返站为双向折返，增加了折返作业的复杂性，跨区段出行的乘客需要换乘，服务水平有所降低。

图 4-2　小交路

（2）列车折返。

列车折返是指列车通过进路改变、道岔转换，经过车站的调车进路由一条线路至另一条线路运营的方式。具有列车折返条件的车站称为折返站。根据车站折返线的布置，列车折返主要有站前折返、站后折返和混合折返三种。

① 站前折返。列车在中间站或终点站利用站前渡线进行折返作业称为站前折返。站前布置的折返线如图 4-3 所示。

终点站站前交叉渡线折返　　　　　　中间站站前单渡线折返

图 4-3　站前折返

采用站前折返方式，列车无空驶折返走行；乘客上下车一起进行能缩短停站时间；车站正线兼折返线以及站线长度缩短，有利于车站造价的节省。站前折返方式的缺点是出发列车与到达列车存在敌对进路；因列车进站或出站侧向通过道岔，列车速度受到限制，影响乘坐的舒适感；在大客流量的情况下，站台秩序会受到影响。

② 站后折返。列车在中间站、终点站利用站后渡线进行折返作业称为站后折返。站后布置的折返线如图 4-4 所示。

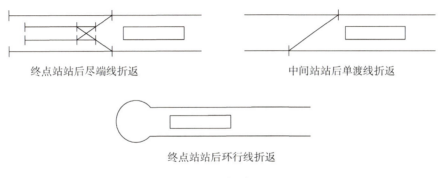

图 4-4　站后折返

采用站后折返方式，出发列车与到达列车不存在敌对进路；列车进出站速度较高，有利于提高旅行速度；列车进出站不经过道岔区段，乘客无不舒适感；此外，采用尽端线折返设备，折返线既可供列车折返，也可供列车临时停留检修。因此，站后折返方式被广泛采用。站后折返方式的缺点是列车的折返走行距离较长。

环形线折返设备能保证最大的通过能力，节约设备费用与运营成本，但它也存在一些缺点：列车在小半径曲线上运行造成单侧钢轨磨耗；折返线不能停放检修列车；若用明挖法施工修建增大了开挖范围等。图 4-5 是某终点站站后环形折返线，该站修建了车站配线，解决了环形折返线不能停放列车的问题，提高了列车折返作业组织的机动性。

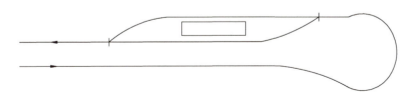

图 4-5　终点站环形折返

③ 混合折返。站后、站前混合布置的折返线如图 4-6 所示。采用混合折返方式的目的是提高列车折返能力与线路通过能力。混合折返兼有站后折返与站前折返的特点。

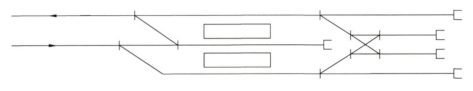

图 4-6　站后、站前混合布置的折返线

2. 列车编组方案

列车编组方案分为三种：大编组方案、小编组方案、大小编组方案。

3. 列车停站方案

（1）站站停车。

列车在全线所有车站均停车。与其他非站站停车相比，线路上开行列车种类简单，不存在列车越行，乘客无须换乘，也无须关注站台上的列车信息显示。目前，城市轨道交通大多数都采用这种方式。

（2）区段停车。

区段停车在大小交路情况下采用，大交路列车在小交路区段外每站停车，但在小交路区段内不停车通过；而小交路列车则在小交路区段内每站停车，小交路列车的中间折返站同时又是乘客换乘站。

（3）跨站停车。

跨站停车（图4-7）是在大交路情况下采用，线路上运行甲乙两种停站方式的列车，A，B，C为线路上三种类型的车站，甲种车只停A和C，乙种车只停B和C，C站作为换乘站。

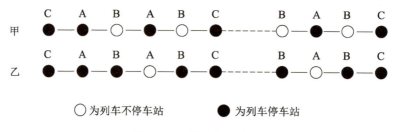

图4-7　跨站停车示意图

三、列车运行图

（一）列车运行图的基本概念

列车运行图是用坐标原理方法，表示列车运行状况的一种图解形式，即列车在各区间运行和在各车站到达、出发（通过）时刻的图解形式（图4-8）。

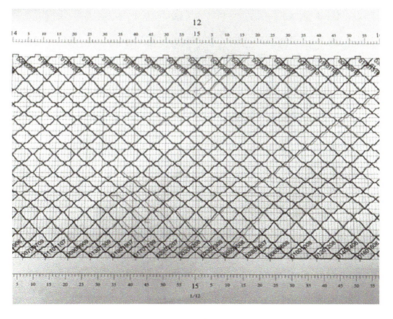

图 4-8　列车运行图

1. 列车运行图的作用

（1）列车运行图是列车运行组织的基础。

列车运行图规定了各次列车占用区间的顺序、列车在区间的运行时分、列车在车站到达和出发（或通过）的时刻、列车在车站的停站时间和折返站的折返作业时间，以及列车交路和出入停车场时刻等。它能直观地显示出各次列车在时间和空间上的相互位置和对应关系，还能直观地显示出列车在各区间运行及在各车站停车或通过的状态。

（2）列车运行图是列车运行组织的一个综合性计划。

城市轨道交通运营生产是一个统一的整体，涉及运营的各业务部门都需要根据列车运行图所规定的要求来安排工作，如：控制中心根据列车运行图指挥列车运行；车站根据列车运行图安排行车组织和客运组织工作；车辆维修部门每天运营前要整备好运营需求的列车；车辆运转部门要根据列车运行图的要求确定列车的派出时刻和乘务员的作息计划；工务、通信、信号、供电、机电等部门也要求根据列车运行图的规定来安排施工计划和维修计划。

2. 列车运行图的图解形式

在列车运行图上，对列车运行时空关系的图解可以有两种方式。一种是以横坐标表示时间，纵坐标表示距高，此时，列车运行图上的水平线表示车站的中心线，垂直线表示时间［图 4-9(a)］；另一种是以横坐标表示距离，纵坐标表示时间，此时，列车运行图上的水平线表示时间，垂直线表示车站的中心线［图 4-9(b)］。

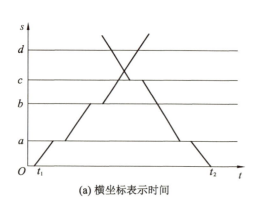
(a) 横坐标表示时间

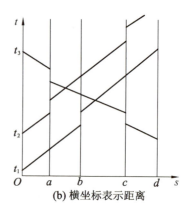
(b) 横坐标表示距离

图 4-9　列车运行图的两种表现方式

我国列车运行的图解方式采用第一种方式，在这样的列车运行图上，下行列车的运行线由左上方向右下方倾斜；上行列车的运行线由左下方向右上方倾斜。（图 4-10）

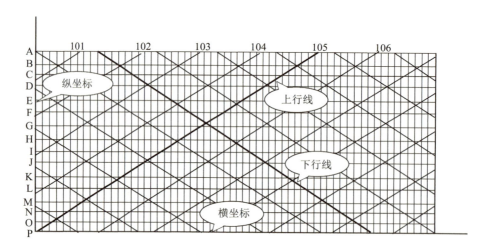

图 4-10　列车运行图

（1）横坐标表示时间变量，按要求用一定的比例进行时间划分。一般城市轨道交通列车运行图采用 1 分格或 2 分格，即每一等分表示 1 min 或 2 min。

（2）纵坐标表示距离分制，根据区间实际里程，采用规定的比例，以车站中心线所在位置进行距离定点。

（3）垂直线是一簇平行的等分线，表示时间等分段。

（4）水平线是一簇平行的不等分线，表示各个车站中心线所在的位置。

（5）斜线（列车运行线）与水平线（车站中心线）的交点表示该列车到达、出发或通过的时刻。由于城市轨道交通列车停站时间较短，一般不标明到、发的不同时间。

在列车运行图上，各次运行列车均有不同的车号与车次号。一般按不同的列车类别规定代号与列车号，如专运列车、图定列车、加开列车、调试列车、空驶列车、救援列车、施工列车等；按发车顺序编制列车车次。但每个城市每条线路也有所不同，如上海地铁1号线目前使用的车次号由5位数组成，前3位为列车识别符，后2位为目的地号，目的地号代表列车的运行终点站，如11296次表示1号线开往莘庄站（96代表莘庄的目的地码）的112次列车。

（二）列车运行图的分类

1. 按区间正线数目分类

（1）单线运行图（图4-11）：在单线区段，上下行方向列车都在同一正线上运行。在轨道交通系统中，单线运行使用较少，只在非正常情况下的列车运行调整期间使用，或在运量不大的市郊铁路开行区段上使用。

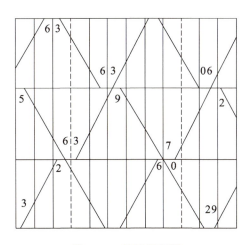

图4-11　单线运行图

（2）双线运行图（图4-12）：在双线区段，上下行方向列车在各自的正线上运行，因此上下行方向列车的运行互不干扰，可以在区间内或车站上交会，城市轨道交通系统一般都设有双线，采用双线运行图。

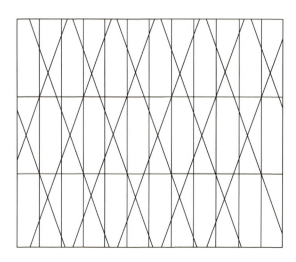

图 4-12 双线运行图

（3）单双线运行图（图 4-13）：有部分双线的区段，单线区段和双线区段各按单线运行图和双线运行图的特点铺画运行线。在城市轨道交通线网中，单双线运行只在非正常情况下的列车运行调整区间使用。

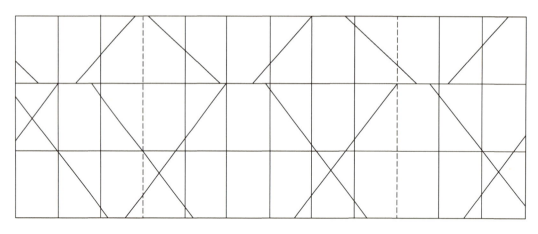

图 4-13 单双线运行图

2. 按列车运行速度分类

（1）平行运行图：在同一区间内，同一方向列车的运行速度相同，且列车在区间两端站的到、发或通过的运行方式也相同，因而列车运行线相互平行。

（2）非平行运行图：在运行图上铺有各种不同速度的列车，且列车在区间两端站的到、发或通过的运行方式也不相同，因而列车运行线相互不平行。

3. 按上下行方向列车数分类

（1）成对运行图：列车运行图上，上下行方向的列车数目相等。

（2）不成对运行图：列车运行图上，上下行方向的列车数目不相等。

4. 按同方向列车运行方式分类

（1）连发运行图（图4-14）：列车运行图上，同方向列车的运行以站间区间为间隔，在连发的一组列车之间不铺画对向列车。

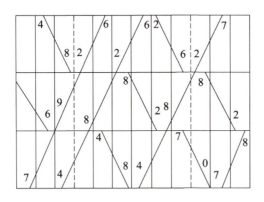

图4-14　连发运行图

（2）追踪运行图（图4-15）：列车运行图上，同方向列车的运行以闭塞分区或制动距离加上安全防护距离为间隔，即在一个区间内允许有一列以上同方向列车运行。

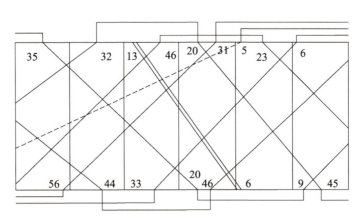

图4-15　追踪运行图

城市轨道交通系统的列车运行图一般均为双线平行成对追踪运行图。

5. 按适用范围分类

（1）工作日运行图：适用于星期一至星期五，分繁忙线路，还细分为周一至周四图和周末（周五）图。

（2）双休日运行图：适用于星期六、星期日。

（3）节假日运行图：适用于法定节假日，如国庆节、五一劳动节等。

6. 按运行图时间变量的最小单位分类

（1）一分格运行图：横轴以 1 min 为单位用细竖线加以划分，10 min 格和小时格用较粗的竖线表示，一般适用于行车间隔较小的城市轨道交通系统。

（2）二分格运行图：横轴以 2 min 为单位用细竖线加以划分，一般适用于行车间隔较大的城市轨道交通系统。

（3）十分格运行图：横轴以 10 min 为单位用细竖线加以划分，半小时格用虚线表示，小时格用较粗的竖线表示，适用于市郊铁路和城际铁路等轨道交通系统。

（三）列车运行图的组成要素

城市轨道交通列车运行图组成要素分为两类：时间要素、数量要素。这是编制列车运行图的基础和前提。

1. 时间要素

（1）区间运行时分。区间运行时分指相邻车站之间的运行时分，需经列车牵引计算和实际查标后确定。区间运行时分并不是一个固定值，而是在一个时间范围内变化的值，跟运行图规定的列车运行等级密切相关。如列车以 ATO/ATP 模式分别运行，其区间运行时分是不一样的，一般来说，ATO 运行时，运行时分比较小。

（2）停站时分。停站时分指列车停站作业（包括减、加速，开、关车门等）和乘客上、下车所需时间总和。一般在编制运行图时，由计划员设定每个车站的默认停站时分，在列车出现早晚点时，系统会进行自动调整，所以列车实际停站时分相对而言也是变化的。

（3）折返作业时分。折返作业时分指列车到达终点站或在区间站进行折返作业的时间总和。折返作业时分包括确认信号时间、出入折返线时间、司机换岗时间等。折返作业时间受折返线折返方式、列车长度、列车制动能力、信号设备水平、司机操作水平等多因素的影响。

（4）出入库作业时分。出入库作业时分指列车以车辆停车场到达与其相接的正线车站或由正线车站返回车库时的作业时间，也需通过查标确定。

（5）营运时间。营运时间指城市轨道交通运营线路运送乘客的时间。一般说来,各国城市轨道交通系统均有一定的夜间时间(2-6 h不等)用作设备、设施的维修和保养。

2. 数量要素

(1) 全日分时段客流分布。全日分时段客流分布是指按客流的时间分布进行预测、调查分析,确定高峰、低谷时段客流量,从而对列车编组数或列车运行列数等相关因素进行合理安排,并作为开行不同形式列车的主要依据。

(2) 列车满载率。列车满载率指列车实际载客量与列车定员数之比,编制列车运行图时,既要保证一定的列车满载率,又要留有一定余地,以应对某些不可测因素带来的客流量波动,同时也要考虑乘客的舒适水平。

(3) 出入库能力。由于车辆基地与线路车站之间的出入库线有限,加之出入库列车插入正线受正线通过能力的影响,因此,每单位时段通过出入库进入运营线的最大列车数,即出入库能力,是编制列车运行图的一个重要因素。

(4) 列车最大载客量。列车最大载客量,即一个编制列车按车厢定员计算允许装载的最大乘客数,分为定员载客量和超载客量。

(四) 列车运行图的指标计算

1. 旅行时间和旅行速度的计算

列车单程旅行时间等于单程各区间列车运行时分加沿途各车站停站时间之总和。由于上、下行单程旅行时间不一定相同,应根据上、下行分别计算,以此作为在列车运行图上铺画上、下行列车运行线的依据。列车单程旅行时间的计算公式为:

$$单程旅行时间 = \sum (区间运行时间 + 中途停站时间)$$

列车旅行速度是指列车在区段内运行,包括在各站停站时间及起停车附加时间在内的平均速度。列车旅行速度的计算公式为:

$$旅行速度 (km/h) = \frac{线路运营长度 (km)}{单程旅行时间 (h)}$$

2. 技术时间和技术速度的计算

列车单程技术时间为在运营线路上自起点至终点不计停站时间的运行时间,其计算公式为:

$$单程技术时间 = 单程旅行时间 - \sum 中途停站时间$$

列车技术速度为列车在运营线路上自起点至终点不计停站时间的运行速度。列

车技术速度的计算公式为

$$技术速度(km/h) = \frac{线路运营长度(km)}{单程旅行时间(h) - \sum 中途停站时间(h)}$$

3. 列车周转时间的计算

列车周转时间指列车在线路上往返一次所消耗的全部时间，它是列车在区间运行时间、列车在中间站停留时间以及列车在折返站作业停留时间的总和。其计算公式为：

$$周转时间 = \sum(上下行区间运行时间 + 中途停站时间 + 列车折返时间)$$

四、正常情况下的列车运行组织

（一）行车指挥自动化时的列车运行组织

行车指挥自动化系统根据与先行列车之间的距离和进路条件，在车内连续地显示出容许的速度信息，或按设定的运行条件达到该容许速度的距离信息，列车根据上述信息自动地控制运行速度，进行超速防护，以达到自动调整行车间隔的目的，并实现列车在车站程序的定位停车。

列车自动控制系统（ATC），主要包括列车自动监控（ATS）、列车自动防护（ATP）、列车自动运行（ATO）三个子系统。ATC 系统的设备分布于控制中心（OCC）、车站信号设备室（轨旁）及列车上。

（二）调度监督下的行车组织

1. 调度监督的主要功能

调度监督的主要功能在于对全线列车的运营情况进行跟踪，并根据运行时刻表监督列车的晚点情况，在发生突发事件时，能够采取相应的调整措施，在最短的时间内，使列车运营恢复正常。

2. 调度监督下的自动运行控制

自动运行控制是当今世界城市轨道交通列车运行组织的发展趋势及主流行车控制方式。自动运行控制利用计算机技术对列车运行实行自动指挥和自动运行监护，并有列车运行保护系统提高行车安全系数。

3. 调度监督下的半自动控制

这种列车运行组织方式是在中央调度所统一指挥和监督下，由车站行车值班员操作车站电气集中控制台或临时信号设备控制列车运行。在一些新线上，由于信号系统尚未安装调试完毕，在过渡期运营时会采取这种方式进行行车组织。

五、非正常情况下的列车行车组织

（一）人车冲突

1. 作业说明

该流程适用于人车冲突时列车行车组织。

2. 具体流程

（1）了解现场：司机、行值将现场信息汇报行调。

（2）启动预案：各岗位按人车冲突预案执行。

（3）行车调整：行调做好行车调整工作。

3. 作业标准的步骤

（1）了解现场，如表 4-2 所示。

表 4-2　作业标准之了解现场

项目/岗位	作业标准
司机	汇报列车位置、车次、车底号、人员伤亡情况，严禁动车
行调	1. 了解列车位置、车次、车底号、人员伤亡情况，并要求司机原地待令 2. 扣停开往事故影响区段的后续列车，在侧式站台及时扣停开往事故车站的上下行列车
行值	1. 在车站时，车站立即按压相应的紧急停车按钮，把 CCTV 调到事故发生地 2. 相关车站行值拨打 120，安排专人提前清出紧急通道，在指定出入口迎接 120，做好车站应急广播
其他岗位	值站为现场指挥，立即赶往现场。组织车站员工准备相关应急备品（如急救箱、担架等），做好应急救援准备
标准用语	行调与司机：××站上/下行××次严禁动车。

(2) 启动预案，如表 4-3 所示。

表 4-3 作业标准之启动预案

项目/岗位	作业标准
行调	1. 在车站时，组织事故列车清客，指令该站值站为现场指挥，立即赶往现场，移交该站台行车指挥权，并通知司机做好配合处理 2. 在区间发生时，指令就近站值站为现场指挥，立即赶往现场，移交该区间行车指挥权，并通知司机做好配合处理。处理完毕后，运行至前方站清客 3. 现场处置完毕，线路出清后，收回指挥权
司机	预案启动后，根据值站或行调指令执行
行值	做好车站与 OCC 之间的信息传递。如在区间时，根据环调命令打开照明和通风。在车站时，根据行调命令组织事故列车清客
其他岗位	1. 检修调度（简称"检调"）安排人员对事故列车进行检查 2. 值站遵循"抢救乘客"原则，拍照取证，安排人员寻找两名以上目击证人 3. 客运值班员（简称"客值"）至现场疏散围观乘客，维护现场秩序，加强站台安全防护
标准用语	行调与行值：因××站/处发生人车冲突，现指定××站值站为现场指挥负责人，立即前往现场处理

(3) 行车调整，如表 4-4 所示。

表 4-4 作业标准之行车调整

项目/岗位	作业标准
行调	1. 布置运营调整方案，通报事件影响信息，并要求车场做好备用车上线准备 2. 组织事故列车就近下线
行值	接行调交路调整命令后，做好广播工作，做好报点、记录工作
司机	根据行调命令执行小交路等调整方案
其他岗位	值站确认现场处置完毕，线路出清后报行调
台账要求	在《行车日志》中记录交路调整情况及晚点列车信息

（二）限速运行

1. 作业说明

该流程适用于设备故障等紧急情况下，高速通过存在安全隐患或需要后续列车低速行驶进行观察时；或线路局部阻塞，通过能力下降时。可与多停配合使用。

2. 具体流程

（1）条件确认：行调确认线路或单列次限速条件。

（2）发布限速：行调发布限速命令。

（3）取消限速：行调发布取消限速命令。

3. 作业标准的步骤

（1）条件确认，如表 4-5 所示。

表 4-5　作业标准之条件确认

项目/岗位	作业标准	
	线路限速	单列次临时限速
司机	接受派班室或行调传达的限速命令	突发故障时，汇报行调，具体事件、地点、影响程度
行值	按行调命令在本地操作工作站（LOW）上设限	
行调	行调根据《限速申请表》，通知车站在 LOW 上设限	由于故障需要临时限速时，详细了解事件区段、公里标、影响等，报值班调度长
其他岗位	设备部门提出线路限速/取消限速申请，牵头召开专题会议，组织会签等形式	

（2）发布限速，如表 4-6 所示。

表 4-6　作业标准之发布限速

项目/岗位	作业标准	
	线路限速	单列次临时限速
司机	根据调度命令执行限速，做好乘客服务	
行值	监控列车运行，通知值站、站台岗行车调整信息。列车晚点 5 min 及以上时，播放晚点广播	
行调	1. 根据相关规章、预案要求，确定限速值，发布线路限速或单列次临时限速命令 2. 做好列车行车调整，控制行车间隔，通报晚点情况	
其他岗位	设备部门添乘前三趟限速列车确认，检查限速区段和限速值是否合适，并向 OCC 反馈确认结果	
台账要求	行值在《调度命令登记簿》中记录行调发布的书面限速命令	行值在《行车日志》中记录晚点列车的车次、到发点
标准用语	行调与司机：准××次××（处）至××（处）上/下行，以××模式限速××km/h	

(3) 取消限速，如表 4-7 所示。

表 4-7　作业标准之取消限速

项目/岗位	作业标准	
	线路限速	单列次临时限速
司机	司机确认现场情况，汇报行调。按行调命令执行恢复正常行驶	
行值	车站确认恢复正常后，报行调，并通知值站、站台岗	
行调	收到恢复信息后，报值班调度长同意后，向相关车间、行车相关人员，发布取消限速命令	
其他岗位	设备部门提前 1 日发布《取消限速申请表》。	
台账要求	行值在《调度命令登记簿》中记录行调发布的书面取消限速命令	行值在《行车日志》中记录晚点列车的车次、到发点
标准用语	行调与司机：××次××（处）至××（处）上/下行限速取消	

（三）道岔故障

1. 作业说明

该流程适用于道岔出现短闪、长闪、灰显等情况时的应急处置。

2. 具体流程

前期处置：行调判断故障影响，组织行值、司机进行处置。

行车调整：行调根据条件进行行车调整。

3. 作业标准的步骤

（1）前期处置，如表 4-8 所示。

表 4-8　作业标准之前期处置

项目/岗位	作业标准
行调	1. 道岔出现短闪、长闪、灰显时，立即对相关列车进行扣车，通知车站对故障道岔进行转换，并做好人工现场办理进路的准备 2. 道岔瞬时短闪时，组织紧制列车动车。通知车站对故障道岔单锁并设限
司机	第一时间将突发情况报行调，按 OCC 命令执行

续表

项目/岗位	作业标准
行值	1. 根据行调命令对故障道岔进行转换，必要时取消进路及道岔单锁。若道岔某一位置有效且可组织行车，则停止转换并单锁 2. 根据行调发布的指令，通知值站做好下线路钩锁道岔准备工作
其他岗位	值站做好道岔钩锁的准备工作，至相应落轨梯处待令
标准用语	行调与司机：××次××车确认安全以 RM 动车，尽快升级

（2）行车调整，如表 4-9 所示。

表 4-9 作业标准之行车调整

项目/岗位	作业标准
行调	1. 通知全线车站、司机故障情况，通知车站做好客运组织工作 2. 优先采用变更进路组织该区段上/下行线行车，制定列车运行调整方案，利用行车间隔对故障道岔进行修复，报值班调度长审批后执行 3. 道岔瞬时短闪时，组织钩锁人员先至避让区，利用行车间隔加锁。若道岔不具备通过条件，按中断处理 4. 故障修复后，组织车站将钩锁器去除，对道岔进行测试
其他岗位	值站带 800 M 手持台和站务员根据行值通知下线路人工现场办理进路，出清线路后，报行值
行值	1. 根据行调命令组织值站下轨区钩锁道岔 2. 接值站命令，向 OCC 报出清线路
司机	根据行调命令，执行限速或越红灯（引导信号）
台账要求	变更进路时，行值在《行车日志》中做好列车车次及到发点记录

技能实训

实训　根据列车运行图办理列车进站

1. 实训内容

根据列车运行图和有关规定办理列车进站。

2. 实训目标

掌握列车运行图要素和作用。

3. 实训方法

学员根据列车运行图和调度命令等，进行列车进站的实训操作，要求学员掌握列车运行图要素，理解根据列车运行图进行接发列车的意义。

4. 评价标准

在实训过程中主要完成以下考核项目，如表4-10所示。

表4-10　列车周转时间计算实训评价标准

考核项目	考核要求	分值	得分
列车运行图要素	准确说出列车运行图包含哪些要素	30	
	正确识别列车运行图各种表示的含义	20	
接发列车作业	非正常接发列车时，调度命令的发送、填写和交接	30	
	根据列车运行图，进行正常条件下列车进站接车作业	20	

项目训练

➤ 初级

判断题

1. 列车运行图是列车在各区间运行和在各车站到达、出发（通过）时刻的图解形式。（　　）

2. 列车运行图组成要素在内容上只有时间要素和数量要素。（　　）

3. 出入库能力是编制列车运行图的一个重要因素。（　　）

➤ 中级

填空题

1. 地铁运行图中横坐标以_____为单位，用较粗竖线加以划分。

2. 列车运行图按_____分类，可分为平行、非平行运行图。

3. 正常轨道列车载客运行过程中，旅行时间_____技术时间。

➤ 高级

简答题

1. 简述列车交路方案种类。

2. 简述列车运行图的分类。

3. 简述列车运行图的组成要素及简要内容。

项目五　车站行车组织

学习目标

（1）了解车站行车组织的指挥体系；
（2）熟悉电话闭塞法行车作业；
（3）掌握正常情况和非正常情况下的行车组织。

技能目标

（1）能够使用电话闭塞法完成站台接发车作业；
（2）正确执行调度命令，完成人工办理进路。

知识学习

一、车站行车组织指挥体系

本书以苏州轨道交通线网运营行车指挥体系为例，对车站行车组织指挥体系进行介绍。

苏州轨道交通线网运营行车指挥体系自上而下分为线网监控级（NCC）、线路控制级（OCC）和现场执行级，下级服从上级指挥，具体层级如图5-1所示。

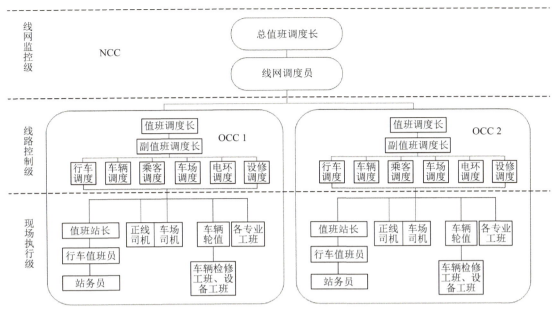

图 5-1　苏州轨道交通线网运营行车指挥体系

（一）NCC 工作职责

（1）负责通过运营调度指挥平台对线网行车、设备、客流、能耗等运营生产状况进行监视，协调线网生产运输组织及统筹线网日常生产运输相关信息收发。

（2）负责线网主变电所运行管理、施工组织和调度指挥（含主所 35 kV 级母排出线柜出线电缆头以上设备）。

（3）负责非应急情况下线网各线路影响较大的临时运营组织调整方案（如改变运营服务时间、减少列车班次等）的审批和执行监督。

（4）负责国家、省、市、集团启动应急响应及线网层面自然灾害、社会安全事件、公共卫生事件、重大故障事故等应急情况下的统一指挥和监督，对内、对外联络协调，应急信息收发，组织启动相关应急预案。

（5）负责各线路设备设施故障、突发事件等应急处置过程的跟进、监视，传达部署上级指令及对外信息收发，负责跨分公司协调指挥及对外协调，必要时组织启动相关线网应急预案。

（6）负责通过运营指挥平台客流监视和预测功能进行线网客流情况监视，监测到大客流预警时，及时通知 OCC 进行应急处置，统筹协调线网层面大客流应急处置。

(二) OCC 工作职责

(1) 负责所管辖线路行车组织、设备运行管理、监控和调度指挥。具体行车组织工作由行车调度员统一指挥，供电设备、环控及防灾报警设备运行由电环调度员（简称"电环调"）统一指挥，设备设施抢修工作由设修调度员（简称"设调"）统一指挥。

(2) 负责所辖线路设施设备故障、突发事件影响行车、客运服务时的具体应急处置指挥工作，根据 NCC 传达部署的要求落实管辖线路的具体应急响应和指挥工作。

(3) 负责所辖线路日常及应急信息收发、上报。

(4) 负责所辖线路的客流监视，现场发现或预判有大客流时及时处置并上报 NCC。

(5) 负责影响所辖线路行车、设施设备运行的检测维修施工调试作业组织。

(三) 现场执行层工作职责

(1) 负责做好现场设备监控、故障报告，执行调度命令。

(2) 负责做好应急情况下的现场处置及信息报告。

二、行车值班员

(一) 行车值班员岗位职责

总的岗位职责：做好车站行车、施工管理工作。

具体工作有：

(1) 严格执行公司有关规章制度，做到有令必行，有禁必止。

(2) 服从行调指挥，执行行调命令，严格按列车运行图组织行车。

(3) 熟悉行车设备的性能，掌握操作方法。

(4) 负责控制车站广播，密切关注监视屏，掌握站台乘客动态。

(5) LOW 停用时，负责组织现场人工排列进路。

(6) 做好各项施工管理。

(7) 负责保管、使用行车设备备品，正确、清楚地填写各类行车日志。

（8）按公司应急信息汇报程序及时上报车站各类信息。

（9）协助值班站长做好委外人员的日常管理。

（10）值班站长不在车控室时负责代理其职责。

（11）做好车站行车、施工管理工作。

（12）协助其他部门（中心）、车间完成需要配合的工作。

（13）完成领导临时交办的其他工作任务。

（二）行车值班员一日作业流程

行车值班员分为白、夜两班，白班时间为 8：30—19：00，夜班时间为 19：00—次日 8：30。

1. 白班

（1）与夜班行车值班员做好交接，检查所有钥匙、行车备品柜内物品、车控室内设备是否良好，填写相关交接台账，详细阅读《行车值班员交接班本》《行车日志》及相关重要文件，通知本班须完成的工作。查阅上一班的《车站施工登记本》《设备故障报修登记本》《车站调度命令登记簿》，了解清楚上一班的故障、施工和调度命令发布的情况。接班后必须立即登录 LOW。

（2）监控各岗位工作情况，按有关规定操作和监控行车设备。

（3）处理相关事务，负责车站各岗位人员调配。播放相应广播，接听电话。

（4）列车进出车站时监控列车运行状态、站台乘客上下车情况及站台工作人员情况。

（5）协助值班站长处理简单、基础的工作并填写相关台账。

（6）处理车站其他相关业务。

（7）密切留意车站 AFC 设备状态，发现故障及时报修并做好相关记录。

（8）定期查看综合监控设备运行状态及 SC 客流情况。

（9）监控行车设备，全盘掌控车站各岗位人员动态及客流情况，做到合理调配，填写当班相关台账。

（10）按要求安排人员收、发文件，并传达重要文件信息内容。

（11）用餐。

（12）监控行车设备，做好交接前的准备工作，把当班没有完成但须下一班完成的工作梳理清楚。

2. 夜班

（1）与白班行车值班员做好交接，检查所有钥匙、行车备品柜内物品、车控室内设备是否良好，填写相关交接台账，详细阅读《行车值班员交接班本》《行车日志》及相关重要文件，通知本班须完成的工作。查阅上一班的《车站施工登记本》《设备故障报修登记本》《车站调度命令登记簿》，了解清楚上一班的故障、施工和调度命令发布的情况。接班后必须立即登录 LOW。

（2）监控各岗位工作情况，按有关规定操作和监控行车设备。

（3）处理相关事务，负责车站各岗位人员调配。播放相应广播，接听电话。

（4）密切留意车站 AFC 设备状态，发现故障及时报修并做好相关记录。

（5）定期查看综合监控设备运行状态及 SC 客流情况。

（6）收车前后根据不同时段播放不同列车服务广播，提醒并监督站务员按要求设置服务时间告示。

（7）监督车站关站情况。

（8）接收施工计划，并按照规定办理施工作业。

（9）配合值班站长做好运营前的检查工作。

（10）做好交接前的准备工作。

三、车站人机界面操作

在车站车控室有一种相当于车站"心脏"的重要设备——综合后备盘，在正常状况下不可轻易触碰。

综合后备盘是一种人机接口装置，可满足应急、备份和直接的操作需求。盘面布满了各种按钮和指示灯，是车站值班员办理行车作业和监督现场状态的主要设备。每天运营前，车站值班员都会通过操作综合后备盘进行运营前的安全检查；当发生紧急情况时，车站值班员也通过操作综合后备盘，进行各项应急处理，并通知相应人员前往现场查看；当车站发生较大突发事件时，在征得调度同意后，车站值班员将会通过操作综合后备盘，快速联动各类设备，执行响应模式。

（一）综合后备盘概况

综合后备盘，放置在地铁车站综合控制室内，主要包括自动扶梯及电梯、消火栓泵、AFC 闸机、门禁、站台门、隧道通风、信号、环境与设备监控、排烟风机与补风机（仅高架站）、喷淋泵、防淹门等模块，如图 5-2 所示。

图 5-2　综合后备盘

（二）功能

综合后备盘功能主要包括：站台紧急停车、扣车与放行、通风排烟系统的紧急模式控制、专用消防设备控制、自动检票机释放、门禁控制、防淹门监控、电扶梯停止控制和站台门/安全门开门控制等。在综合监控系统发生故障或瘫痪不可用时，由车站通过综合后备盘进行现场设备重要状态的监视和手动紧急控制。

（三）操作方法

1. 自动扶梯及电梯

如图 5-3 所示，模块中用红色不带灯自锁式按钮代替原一号线的钥匙开关，用于控制电梯、扶梯；另外，在该模块设置 1 个"有效-无效"钥匙开关，用于控制该模块相关按钮的有效性。

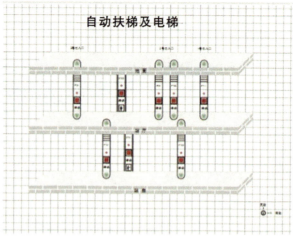

图 5-3　自动扶梯及电梯控制模块

第一步，用 IBP 专用钥匙，将钥匙打至有效位，绿色指示灯亮起，如图 5-4 所示。

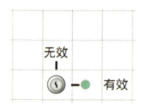

图 5-4　IBP 专用钥匙设置

第二步，按压相应的"扶梯""电梯"按钮，确认相应红色指示灯亮起，如图 5-5 所示。

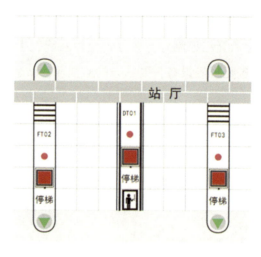

图 5-5　扶梯、电梯指示灯确认

第三步，现场处置完毕后，按压相应的扶梯、电梯按钮进行恢复，确认相应的红色指示灯熄灭。

第四步，使用 IBP 专用钥匙，将钥匙打回无效位，确认绿色指示灯熄灭。

2. 消火栓泵

消火栓泵控制模块如图 5-6 所示。

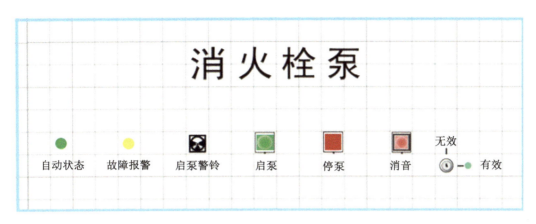

图 5-6　消火栓泵控制模块

自动状态指示灯：在自动状态下，绿色指示灯亮起。

故障报警指示灯：在发生故障时，黄色指示灯亮起（常亮）。

消火栓泵指示灯控制模块如图 5-7 所示。

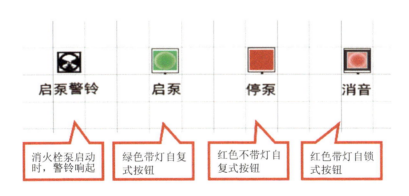

图 5-7　消火栓泵指示灯控制模块

第一步，使用 IBP 专用钥匙，将钥匙打至有效位，确认绿色指示灯亮起。

第二步，按压"启泵"按钮，确认绿色指示灯亮起，同时启泵警铃发出蜂鸣声。

第三步，按压"消音"按钮，蜂鸣器停止报警。

第四步，需要停泵时，按压"停泵"按钮。

第五步，按压"消音"按钮进行复位。

第六步，使用 IBP 专用钥匙，将钥匙打至无效位，确认绿色指示灯熄灭，自动状态指示灯亮绿灯。

3. AFC 闸机

AFC 闸机控制模块如图 5-8 所示。

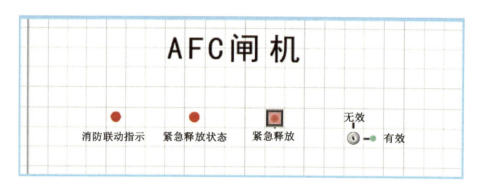

图 5-8　AFC 闸机控制模块

第一步，使用 IBP 盘专用钥匙，将钥匙打至有效位，确认绿色指示灯亮起。

第二步，按下"紧急释放"按钮，车站所有闸机扇门打开并进入紧急释放状态。

第三步，再次按下"紧急释放"按钮，车站所有闸机撤出紧急释放状态恢复正常状态。

第四步，使用 IBP 专用钥匙，将钥匙打至无效位，确认绿色指示灯熄灭。

4. 门禁

门禁控制模块如图 5-9 所示。

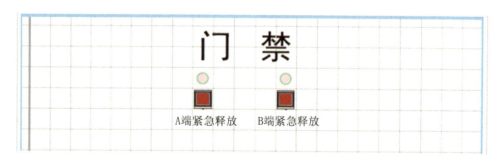

图 5-9　门禁控制模块

指示灯显示为正常：绿色；释放：红色；灯检：黄色。

按压 A/B 端"紧急释放"按钮，现场相应的区域门禁全部释放。

应急终止后，再次按压 A/B 端"紧急释放"按钮恢复正常状态。

5. 站台门

站台门控制模块如图 5-10 所示。

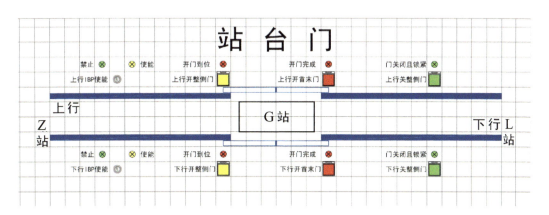

图 5-10　站台门控制模块

注：上下线均设有"有效−无效"的钥匙开关。

第一步，选择上/下行，使用 IBP 专用钥匙，将钥匙转到有效位，确认操作允许指示灯亮起。

第二步，按压相应的绿色"开门"按钮，则站台相应侧的站台门全部打开（滑动门打开）；同时，"关闭锁紧"灯熄灭，开门到位后，"开门到位"灯点亮。

第三步，按压相应的红色"关门"按钮，则站台相应侧的站台门全部关闭（滑动门关闭）；同时，"开门到位"灯熄灭，关门到位后，"关闭锁紧"灯点亮。

第四步，将钥匙转到无效位，确认操作允许指示灯熄灭。

6. 隧道通风

隧道通风控制模块如图 5-11 所示。

火灾 1、火灾 2 按钮：在区间内进行的物理划分，把区间划分为若干个分区，听从调度的命令，按下相应的火灾分区按钮，启动相应的风机和风阀。

阻塞 1、阻塞 2 按钮：当列车在区间内停留超过 2 min 且未发生火灾或爆炸时，系统如果未自动启动阻塞模式，就要手动启动相应的阻塞模式，按照调度的命令，按下阻塞 1、阻塞 2 按钮。

操作：模式未启动，灯熄灭；模式正在启动中，灯闪烁；模式启动完毕，灯常亮。

注：故障情况下灯慢闪，执行过程中灯快闪。

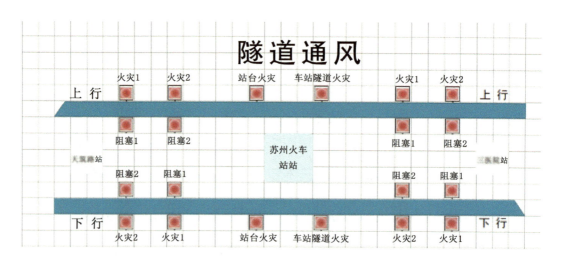

图 5-11　隧道通风控制模块

7. 信号

自动化线路信号控制模块如图 5-12 所示。

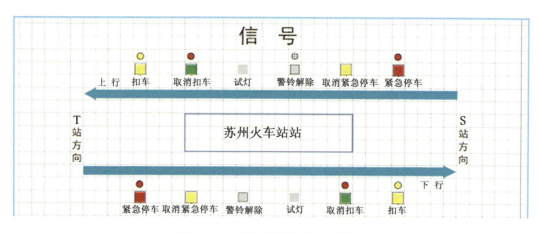

图 5-12　自动化线路信号控制模块

（1）IBP 设置紧停。

第一步，在 IBP 上按压相应线路的"紧急停车"按钮（按钮为红色、不带灯带防护盖的自复式按钮）。

第二步，相应"紧急停车"按钮上方红灯点亮，并发出报警声；按压相应线路的"警铃解除"按钮，消除报警声（此时紧停仍有效）。

(2) IBP 取消紧停。

第一步，在 IBP 上按压相应的"取消紧急停车"按钮（按钮为黄色不带灯带防护盖自复式按钮）。

第二步，相应"紧急停车"按钮上方红灯熄灭，并发出报警声；按压相应线路的"警铃解除"按钮，消除报警声。

(3) IBP 设置扣车。

第一步，在 IBP 上按压相应的"扣车"按钮（黄色不带灯带防护盖自复式按钮）。

第二步，IBP 上相应"取消扣车"按钮上方的红灯闪烁（如是 OCC 扣车，"取消扣车"按钮上方为红灯常亮）。

(4) IBP 取消扣车。

第一步，在 IBP 上按压相应的"取消扣车"按钮（绿色不带灯带防护盖自复式按钮）。

第二步，"取消扣车"按钮上方灯熄灭。

(5) 人员防护门（SPKS）设置（自动化线路）。

第一步，在 IBP 上将"X 行 X 端人员防护激活"钥匙打至"开"，上方红灯闪烁 15 s 后，红灯常亮，SPKS 激活。

第二步，将钥匙打至"关"时，人员防护激活红灯熄灭。

(6) 人员防护门旁路。

自动化线路信号系统为防止 SPKS 启用后，因故无法恢复或设备故障导致 SPKS 自动触发，设置了 SPKS 旁路功能。

第一步，在 IBP 上将"X 行 X 端 SPKS 旁路激活"钥匙打至"开"时，旁路激活红灯常亮。

第二步，将钥匙打至"关"时，旁路激活红灯熄灭。

8. 环境与设备监控

环境与设备监控控制模块如图 5-13 所示。

操作步骤如下：

第一步，点击相应房间的按钮，没有对应按钮的房间就点击"其余房间火灾"按钮。

第二步，直接按压绿色的复位按钮，不能通过再次按压红色房间按钮复位。

第三步,模式未启动,灯熄灭;模式正在启动中,灯闪烁;模式启动完毕,灯常亮。

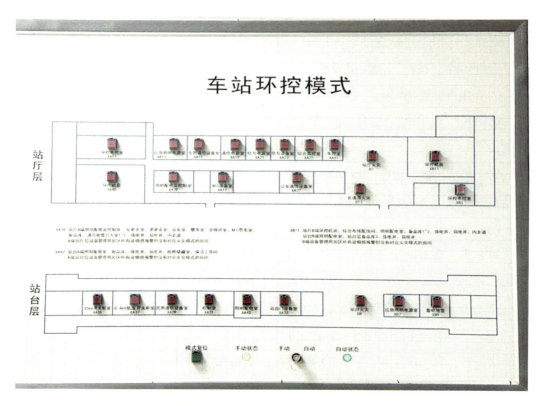

图 5-13　环境与设备监控控制模块

9. 排烟风机与补风机(仅高架站)

排烟风机与补风机控制模块如图 5-14 所示。

第一步,使用 IBP 专用钥匙,将钥匙打至有效位,确认绿色指示灯亮起。

第二步,按压"启动"按钮,确认绿色指示灯亮起,同时启动警铃发出蜂鸣声。

第三步,按压"消音"按钮,蜂鸣器停止报警。

第四步,需要停止风机时,按压"停止"按钮。

第五步,按压"消音"按钮进行复位。

第六步,使用 IBP 专用钥匙,将钥匙打至无效位,确认绿色指示灯熄灭,自动状态指示灯亮绿灯。

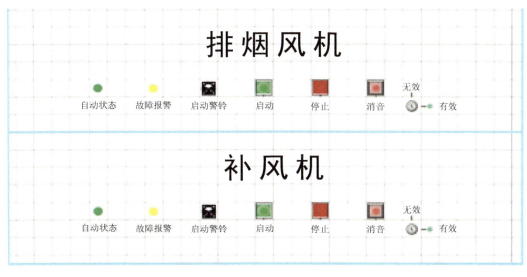

图 5-14　排烟风机与补风机控制模块

10. 喷淋泵

喷淋泵模块的操作与消火栓泵一致。

11. 防淹门

防淹门控制模块如图 5-15 所示。

第一步，确认模式。确认上/下行闸门处于车站 IBP 控制模式，即"车站控制"指示灯亮绿色。如闸门处于"就地控制"或"检修"状态，车控室则无法操作闸门开关。

第二步，请求关门。按压上行"请求关门"按钮，按钮亮红色，代表车站向信号系统发出关门请求。此时，若再次按压上行"请求关门"按钮，则按钮灭灯的同时代表关门请求取消。

第三步，允许关门。车站发出关门请求后，等待信号系统同意。接收到信号系统发回的允许关门信号后，上行"允许关门"指示灯亮绿色，其余按钮、指示灯状态不变,此时上行"开门""关门""停止"按钮有效。

第四步,操作闸门。按压被解锁的上行"关门"按钮,上行防淹门开始关闭,同时"开门到位"指示灯灭。防淹门关闭到位后,"关门到位"指示灯亮绿色。至此,关门完成。

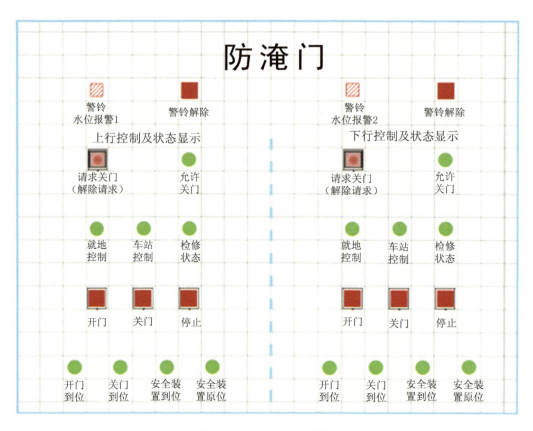

图 5-15 防淹门控制模块

注意事项:

(1)防淹门全开位状态为信号系统的一个联锁条件,信号系统的允许关门信号为防淹门关门控制的一个联锁条件。

(2)只有通过请求关门按钮通知信号系统,收到信号系统允许关门的信号后,关门按钮才被解锁。解锁后,通过车控室 IBP 或就地控制柜发出开/关闸门等相关控制命令,实现闸门的开/关操作。

假设车站将水位报警信息汇报 OCC,OCC 指令车站关闭上行防淹门闸门。

注意:操作必须经 OCC 授权。

四、电话闭塞法行车作业

(一) 基本概念

1. 闭塞车站

正线全线信号联锁故障时,所有车站均为闭塞车站;局部信号联锁故障时,故障区域所有车站及两端相邻车站为闭塞车站。

2. 闭塞区域及行车间隔

闭塞区域为列车运行前方一个区间和一个站台。发车时正线必须确保列车之间有"一站两区间"的间隔。

3. 占用区间凭证

列车占用正线车站之间闭塞区域的凭证为路票(图 5-16)。

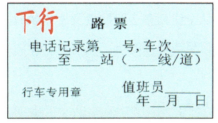

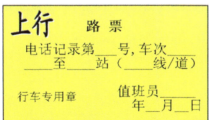

图 5-16 闭塞区域凭证——路票

路票要素：电话记录号码、车次、区间、行车专用章、日期、值班员签名、接车股道、反向运行章等。

4. 发车凭证

车站发车凭证为车站站台显示的发车手信号。

5. 启用电话闭塞法的情况

（1）正线全线或局部信号联锁故障。

（2）联锁站或设备集中站管辖区域全部紫光带故障。此时不需要下线路钩锁道岔，通过强行转岔将道岔转到正确位置后单独锁定即可。

（3）行调认为有必要的情况。

6. 驾驶模式和限速

电客车在闭塞区域内采用 RM/EUM 模式运行，工程车限速 25 km/h，司机加强瞭望，注意行车安全。

7. 启动电话闭塞法的条件

当满足"已经准确确认全线列车运行数量及故障区域内所有列车位置，且拟启动电话闭塞区域内的列车在车站站台停稳"条件时，行调向车站、司机发布启动电话闭塞法的调度命令。

8. 线路空闲或占用确认手段

行值及时根据《运营时刻表》《行车日志》、司机报告、信号人机界面、CCTV等信息，核查本站前、后方区间及站台线路的空闲情况。

9. 进路准备

故障区域内相关车站人工办理列车进路，非折返道岔必须使用钩锁器并加锁，折返道岔使用钩锁器只挂不锁。

10. 请求闭塞条件

发车站确认待办理闭塞的区域空闲、发车进路准备妥当向接车站请求闭塞。

11. 同意闭塞条件

接车进路准备完毕，确认接车站台及前方区间空闲，或折返站列车完成折返作业（站前折返时以列车运行至下一站为准，站后折返时以列车折返至目的站台为准）后，同意闭塞并给出电话记录号码。

12. 发车条件确认及填写路票

发车站须确认待办理闭塞的区域空闲、发车进路准备妥当并取得接车站同意闭塞的电话记录号码后，方可填写路票。

13. 交付路票及发车

路票由值班站长或指定的人员填写，核对无误后与司机交接。路票交接地点为司机所在驾驶室的站台端，司机接到路票且核对无误后方可关门，再凭车站的发车手信号动车。

14. 取消电话闭塞

车站因故需取消已办妥的电话闭塞手续时，应确认列车未进入闭塞区域，停止交付路票或收回已交付路票，由提出取消电话闭塞方给出电话记录号码作为取消闭塞的依据。

15. 报点要求

闭塞车站之间相互报到、发点并在《行车日志》上做好记录，报点站须及时向行调报列车到、发点，行调人工铺画列车运行图，掌握全线列车运行状况。

16. 电话记录号规定

电话记录号码自每日零时起至 24 时止，按日循环编号。电话记录号编号办法为车站（车场）编号加顺序号，详见各线路行车组织细则。

17. 反向运行规定

列车反向运行时车站需在路票左上角加盖"反方向运行"专用章。

（二）办理流程

正线车站之间办理流程如图 5-17 所示。

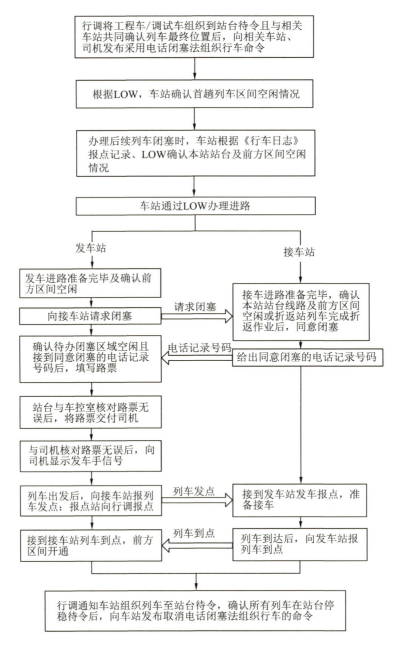

图 5-17 正线车站之间办理流程

五、行车报表制度

1. 行车报表的种类

行车报表是指列车运行及设备保养等活动中,行车人员及相关人员根据现场实际情况而记录下来的原始资料。

车站的行车报表主要有《车站生产日志》《调度命令登记簿》《设备故障检修（施工）登记簿》等。

2. 车站报表填写的要求与标准

（1）报表填写的基本要求是：报表填写必须真实、准确、完整、及时，填制人员必须严格执行行车台账填写制度。

① 真实：必须由指定人员填写且如实反映行车情况，不得捏造事实，弄虚作假。

② 准确：填写前认真核对实际情况，以正确无误的数据填写，并要认真仔细复核。

③ 完整：必须按报表台账所列事项填写，不得遗漏。

④ 及时：报表台账必须在规定期限内填制完毕，并按规定时间交车间，无特殊原因，不得故意延迟时间。

（2）属于复写的报表一定要复写清楚，要求上下一致，并可辨认。报表的各项内容必须按要求填写，不应随便留空格不报，若因客观原因不产生数字的空格用"—"符号表示。

（3）报表台账填写的文字不得使用红色笔填写，必须用蓝色或者黑色笔填写，字迹必须清晰、工整，不得潦草。属于复写的报表用圆珠笔填写，属于非复写的报表用钢笔或签字笔填写。填写人员必须签字。

（4）报表填写发生错误时，不得乱刮、挖补、涂抹或者用化学药水更改字迹。更改必须用"划线更正法"。

应用"划线更正法"时，在报表中错误文字或数字上画一红线，以示注销，要求划去整个错误数字，然后在该处盖上更改人员名字修正章以示负责；若更改次数过多导致报表台账不清楚时，应另填写一份，该报表作废。

六、调度命令

（一）调度命令概述

调度命令是运营调度在调度指挥工作中对行车人员发出的、要求执行某项行车作业的指令。

1. 调度命令分类

调度命令按照内容分为行车指令、施工命令和抢修命令。其中，行车指令按命令形式分为书面命令和口头命令。

书面命令包括发布日期、发布时间、命令号码、受令处所、命令内容、受令人、复诵人和发令人共 8 个要素。口头命令是口头发出的指令，和书面命令具有同等作用。

2. 调度命令发布注意事项

（1）调度命令应由当班运营调度员发布。

（2）调度命令内容应一事一令，由运营调度员先拟后发。

（3）严禁使用无录音的行车电话下达调度命令。

（4）调度命令应具备命令号。

（5）调度命令的站名、人名、处所应使用全称或全名。

（6）调度命令的发令日期、发令时间应填写实际发令时间。

（7）调度命令发布后命令内容需变更时，应取消该调度命令并重新发布调度命令。

（二）行车方式的辨别

非运营时段的涉及动车运行的作业或者施工，调度员必须发布调度命令，调度命令内容必须明确该车的行车方式，主要有封锁、封闭、电话闭塞法、自动闭塞法行车等。

1. 封锁

（1）定义。

封锁指的是列车在某个区段两侧线路进行行车作业，作业过程中道岔位置将进行转换。

（2）执行要求。

① 在封锁命令发布之前，需进入封锁区段的车辆已进入该封锁区段。

② 封锁应由当班运营调度员发布书面命令。

③ 封锁命令发布之后，其他任何人员或车辆不得进入该封锁区段。

④ 封锁的解除应由当班运营调度员发布书面命令。

⑤ 司机在运行途中，应对道岔防护信号显示及道岔位置进行确认，如发现危及

行车安全的情况，应立即停车并与车站确认。

⑥ 列车运行由施工或调试方指挥，安全由施工或调试方负责。

2. 封闭

（1）定义。

封闭是指列车在某个区段单侧线路进行行车作业，作业过程中道岔位置保持原有位置不变。

（2）执行要求。

① 在封闭命令发布之前，运营调度员和车站行车人员必须确认作业区段内道岔均已锁闭在正确位置，封闭过程中不得转换。

② 在封闭命令发布之前，需进入封闭区段的车辆已进入该封闭区段。

③ 封闭必须由当班运营调度员发布书面命令。

④ 封闭命令发布之后，其他任何人员或车辆不得进入该封闭区段。

⑤ 封闭的解除必须由运营调度员发布书面命令。

⑥ 列车运行由施工或调试方指挥，安全由施工或调试方负责。

3. 电话闭塞法

（1）定义。

电话闭塞法为城市轨道交通代用行车闭塞方式，是相邻两站（场、段）通过电话联系形式确认区间空闲，并以发出电话记录号码的方式办理闭塞的一种行车组织方法。

（2）执行要求。

① 电话闭塞法应由运营调度员发布书面命令后方可启用。

② 列车的行车凭证是路票，凭路票到达下一车站，凭车站行车人员的发车手信号动车，凭车站行车人员的停车手信号停车。

③ 列车发车时与前车的间隔应满足"两站两区间空闲"。

4. 自动闭塞法

（1）定义。

自动闭塞法行车指的是自动闭塞设备运行正常，列车以具有 ATP 信号保护的方式运行。

（2）执行要求。

① 车载信号设备运行正常时，列车的行车凭证为列车收到的允许速度码及信号

机的允许信号,列车司机根据信号机的显示及列车收到的速度码运行。

② 车载信号设备运行不正常时,列车的行车凭证为信号机的允许信号,列车司机根据信号机的显示运行。

③ 列车自动防护系统自动控制列车之间的安全运行间隔。

5. 站内调车

(1) 定义。

站内调车指的是在车站站界以内调车,不进入区间,不需要向邻站办理闭塞。

(2) 执行要求。

① 站内调车主要出现在站后折返站。

② 站内调车必须取得调度命令。

6. 越出站界调车

(1) 定义。

越出站界调车指的是超出站界进行调车,列车的任何一部分进入了区间,必须向邻站办理闭塞。

(2) 执行要求。

① 站前折返站列车由一侧站台调至另一侧站台时,必定是越出站界调车。

② 越出站界调车必须取得调度命令。

③ 越出站界调车必须与邻站办理电话闭塞。

七、正常情况下的行车组织

(一) 行车组织原则

(1)《运营时刻表》是行车组织工作的基础,《运营时刻表》以运作命令或值班调度长调度命令的形式发布执行。行车时间以北京时间为准,从零时起计算,实行 24 小时制。行车日期以零时为界,零时以前办妥的行车手续,零时以后仍视为有效。

(2) 指挥列车运行的命令只能由行调发布或授权车站发布;指挥环控及防灾报警设备运行的命令由环调发布;指挥供电设备运行的命令由电调发布;指挥车场运作的命令由场调发布。正线、辅助线及转换轨行车组织由行调负责,车场线属场调管理。排空列车、工程车、救援列车、调试列车出入天平车辆段均按列车办理。正常情况下，正线司机凭车载信号显示或行调命令行车，按《运营时刻表》和 DTI（发车表示器）显示时分掌握运行及停站时间。

（3）电客车在运行中司机应在前端驾驶，如推进运行时，应有监控人员在前端驾驶室引导和监控客车运行。列车终点到站时间与《运营时刻表》计划到站时间相比，提早或延误误差小于 2 min 的列车为正点列车；提早或延误误差大于或等于 2 min 的列车为晚点列车。

（二）列车车次

列车车次号由目的地号、服务号、旅程号组成，旅程号奇/偶数分别表示下/上行方向，按照由小到大的顺序编号。

> **小贴士**
>
> **苏州轨道交通列车服务号**
>
> 载客列车服务号为 001—599；
>
> 专列服务号为 601—699；
>
> 调试列车服务号为 701—899；
>
> 排空列车服务号为 951—959；
>
> 工程列车服务号为 961—969；
>
> 过线列车服务号为 971—979；
>
> 转场列车服务号为 981—989；
>
> 救援列车服务号为 991—999。

（三）车站行车作业

1. 运营前的准备

（1）运营前 30 min，车站做好运营线路、设备和人员的检查和准备工作，完成后向行调汇报。

（2）检查确认运营线路施工结束、线路出清，站台区段无异物侵限。

（3）行值根据《车站施工登记本》确认所有 A 类施工已结束。

（4）设备集中站接到行调试验道岔通知后，在 LOW 上对有关道岔、进路、信号机等进行操作。行调未通知时,向行调申请进行运营前检查,未经行调允许严禁操作 LOW。

(5) 行值通过车站综合监控系统和 SC 系统,确认 FAS、BAS 和 AFC 系统运作正常。通过试用,检查确认车站无线行车调度电台正常,检查确认钩锁器等其他行车备品正常。与行调核对《运营时刻表》、日期和钟表时间。确认各岗位正常到岗。

(6) 监控值站通过 PSL 开关屏蔽门进行测试,查看 IBP 屏蔽门操作开关处于无效位。

2. 接发列车作业

(1) 行值通过 LOW、CCTV 监视列车运行、到发情况,播放广播,做好乘客服务,监视站台乘客候车秩序,确保站台安全。

(2) 行值须监控站台岗的作业情况,掌握其动态。

(3) 正线接发列车线路由行调决定,车辆段线路由场调决定。

(4) 车站原则上不办理接发列车作业,遇非正常情况须接发列车时,车站接发列车人员应严格执行接发列车作业要求,手信号的显示地点应便于司机瞭望与确认。

(5) 列车进出站时,车站人员发现站台或屏蔽门异常,若影响行车安全,应立即按压"紧急停车"按钮,同时报行调。

(6) 在 ATS 系统正常时,各站不需向线路调度所行调报告电客车到、发点,临时加开列车时,车站不向行调报点但需向邻站报点。

3. 列车折返作业

(1) 列车在进入折返线前,须在站台清客,车站人员清客完毕后给司机"好了"信号,提示司机关门。

(2) 车站听从行调安排,排列相关折返进路,将列车完成折返作业。

(3) 列车完成折返作业进入站台时,行值及站台站务人员及时监控站台情况,防止落轨等突发情况。

4. 施工封锁作业区域内车组运行组织

(1) 施工封锁作业区域内,列车动车计划及要求由施工负责人通过司机向行调或行值提出。

(2) 动车计划不涉及转线时,司机直接向车站请求进路(含往返运行),车站排列进路并单独锁定进路上的道岔,确认进路正确后通知司机;动车计划涉及转线时,司机向行调申请进路,行调或授权车站排列进路并单独锁定进路上的道岔,行调与车站共同确认进路正确后通知司机。

（3）司机接到进路办理好的通知后，按照施工负责人指令动车配合施工，运行过程应沿途确认信号正常开放，需要越红灯时，由行调确认安全后授权司机越过红灯信号机。

（4）网轨检测车在作业期间应按施工要求匀速运行，进路办理好后由行调通知司机"××至××进路已经排列、信号正常"，司机在到达瞭望困难的信号机之前，向行调确认"××信号机信号是否正常开放"，如信号未开放应及时采取措施停车。

八、非正常情况下的行车组织

（一）扣车

扣车可由行调或车站操作。当行调需扣车时，在 HMI 上操作或通知车站操作，并通知司机和车站。当需要车站扣车时，由车站在 IBP 上操作，并及时通知司机，紧急情况下按"紧急停车"按钮。取消扣车应遵循"谁扣谁放"的原则，操作取消扣车前先确认无列车进站或进站列车已停稳。当因故无法取消扣车时，列车按照行调命令出站。当信号系统故障、不具备扣车功能而行调需扣车时，行调可直接发令给司机待命。

（二）特殊情况下列车运行

1. 列车反方向运行

（1）在列车无车载 ATP 系统保护情况时，除开行救援列车外，客运车不允许反方向运行。

（2）在列车车载 ATP 系统正常且须反向运行时，须通过信号系统排列进路，列车根据车载 ATP 系统允许速度以 SM 模式运行。

（3）工程车须在明确行车计划和进路排列好的情况下方可反方向运行。

（4）反向运行区域轨旁 ATP 系统故障且必须反向运行时，司机按照安全级别由高到低的顺序选择驾驶模式。

2. 列车在区间退行

（1）列车因故在区间停车需要退行时，司机必须及时报告行调，在得到行调的命令后方可退行，行调应及时通知有关车站。

（2）列车退行进入车站时，司机须换端驾驶，车站接车人员应于进站站台端处显示引导信号，列车在进站站台端外必须一度停车，确认引导信号正确方可进站。

（3）退行列车到达车站后，司机应及时向行调报告，同时根据行调的命令处理。

3. 列车推进运行

（1）列车推进运行，必须得到行调的调度命令，应有引导员在车头部引导。

（2）因天气影响难以辨认信号时，禁止列车推进运行。

（3）在坡度为25‰及以上的下坡道推进运行时，禁止在该坡道上停车作业，并注意列车的运行安全。

4. 列车不停站通过的规定

（1）在行车工作中，如因车辆、设备故障、事故及客流突变等原因造成运行晚点或有特殊原因需要时，准许列车跳停，行调应及时通知司机和相关车站。

（2）《运营时刻表》中没有规定的跳停车站或无行调命令，司机不得驾驶列车跳停。

（3）不影响后续列车正点运行或折返后能够正点始发的晚点列车，原则上不得跳停。

（4）末班车不得办理跳停作业。

（5）原则上不准两列及以上客运列车在同一车站连续跳停。

（6）始发站原则上不准两列及以上客运列车连续排空。

（7）组织CTC列车跳停时，原则上应使用信号系统提供的功能进行设置，司机凭车载推荐速度驾驶列车跳停。组织降级客运车或工程车跳停时，司机凭地面信号显示人工驾驶列车跳停。

5. 小交路折返组织

（1）小交路分为完全小交路折返、间隔小交路折返两种。当线路中断运行时，允许列车在小交路折返站连续清客进行完全小交路折返，否则采用列车间隔小交路折返。

（2）站前折返时，司机、折返站负责引导乘客乘降；站后折返时，折返站负责清客，司机确认车站人员"好了"信号关门，并确认车厢内无滞留乘客。

（3）为防止列车冲突，当列车利用渡线折返或从折返线/存车线运行至正线时，必须将对面或侧面来车方向的列车扣停在折返点前一个站台。

（4）当需要接触网停电时，小交路折返站应选择在停电范围外。

（5）行调有计划、有目的地组织图定车次在中间站折返时，原则上在始发站发车前进行布置，司机、车站通过广播等方式引导乘客乘降。

6. 单线双向运行

（1）局部采用单线双向运行时，优先使用与小交路折返线路不同的线路。单线双向运行的区域与小交路运行的区域必须能够衔接。

（2）单线双向运行路径确定后，不需要转动的道岔必须电子锁定在正确位置，当有道岔需要频繁转动时，经过该道岔的进路必须关闭自排或追踪功能，采用人工排列。

（3）当同一线路上单线双向运行列车与其他列车对向运行时，其中任何一列列车进行折返作业前，必须将对向行驶列车至少扣停在折返点前一个站台。

（4）原则上不组织超过两列列车进行单线双向运行。

（5）优先通过行调排列进路。

（6）司机、折返站负责引导乘客乘降。

（7）列车车次按照行调命令执行，若行调未分配车次，则默认当前车次的旅程号加1。

（三）特殊情况下报点规定

（1）在 ATS 系统故障或全线联锁故障时，有岔站向行调报点。

（2）局部联锁故障时，故障影响区域两端站及故障区域内有岔站向行调报点，启动闭塞法后，站台有车的闭塞车站向行调报首列车发点。

（3）列车在任何车站停站时分增或晚 60 s 以上时，车站、司机要及时向行调报告原因。

（四）停车对标

（1）电客车进站停车，当停车未到停车标时，司机确认运行无异常后，根据具体情况选择 SM、RM 或 NRM 模式动车对位。

（2）当越过停车标 3 个车门以内时，司机经行调同意后，司机根据具体情况选择 SM、RM 或 NRM 后退对位，司机应及时在车厢广播以安抚乘客。

（3）当越过停车标 3 个车门及以上时，司机报行调，按行调指示执行。如电客车不开门继续运行至前方站时,行调应通知前方站做好乘客服务、维持好站台秩序。同时,司机应及时在车厢广播以安抚乘客。

(五) 隧道内线路积水时的处理

(1) 巡道、巡检人员在作业中发现隧道线路积水时,应立即报行调,行调要及时发布限速命令,司机按规定速度运行。

(2) 当 $h \geqslant 150$ mm 时(h 为积水面距轨面高度,负值表示积水漫过轨面,h 值的测量,以积水最深处为准,以下同),允许列车按正常速度通过积水段。

(3) 当 50 mm $\leqslant h < 150$ mm 时,允许列车按 25 km/h 速度通过积水段。

(4) 当 $h < 50$ mm 时,原则上列车不准通过积水段,必须通过时则限速 15 km/h。

技能实训

实训 1　电话闭塞法

1. 实训内容

正线车站之间办理电话闭塞流程。

2. 实训目标

熟练掌握正线车站之间办理电话闭塞流程，如启用电话闭塞的条件、进路准备、请求闭塞条件、同意闭塞条件、发车条件确认及填写路票、交付路票及发车、取消电话闭塞、报点要求、电话记录号规定、反向运行规定等。

3. 实训方法

要求学员熟练掌握正线车站之间办理电话闭塞流程及各流程的具体作业标准。

4. 评价标准

在实训过程中主要完成以下考核项目，如表 5-1 所示。

表 5-1　电话闭塞法实训评价标准

考核项目	考核要求	分值	得分
占用区间凭证	列车占用闭塞区域的凭证为路票，其中经过该闭塞区域的首趟列车须使用首列车路票，办理后续列车需根据列车运行所在线路选择常规路票	5	
启用电话闭塞法的情况	正线全线或局部信号联锁故障	5	
	联锁站或设备集中站管辖区域全部紫光带故障，此时不需要下线路钩锁道岔，通过强行转岔将道岔转到正确位置后单独锁定即可	5	
	行调认为有必要的情况	5	
驾驶模式和限速	在闭塞区域内列车司机收到白色路票后确定为该闭塞区域的首趟车，以 NRM 模式限速 25 km/h 运行，直至收到常规路票后，以 NRM 模式限速 45 km/h 运行，电客车原则上采用非限制人工驾驶模式，司机加强瞭望，注意行车安全	5	

续表

考核项目	考核要求	分值	得分
线路空闲或占用确认手段	行值及时根据《运营时刻表》《行车日志》、司机报告、信号人机界面、CCTV等，核查本站前、后方区间及站台线路的空闲情况	5	
进路准备	故障区域内相关车站人工办理列车进路，非折返道岔必须使用钩锁器并加锁，折返道岔使用钩锁器只挂不锁	5	
请求闭塞条件	发车站确认待办理闭塞的区域空闲、发车进路准备妥当后，向接车站请求闭塞	5	
同意闭塞条件	接车进路准备完毕，确认接车站台及前方区间空闲，或折返站列车完成折返作业（站前折返时以列车运行至下一站为准，站后折返时以列车折返至目的站台为准）后，同意闭塞并给出电话记录号码	5	
发车条件确认及填写路票	发车站须确认待办理闭塞的区域空闲、发车进路准备妥当并取得接车站同意闭塞的电话记录号码后，方可填写路票	5	
交付路票及发车	路票由值班站长或指定的胜任人员填写，核对无误后与司机交接。路票交接地点为司机所在驾驶室的站台端，司机接到路票且核对无误后方可关门，再凭车站的发车手信号动车	5	
取消电话闭塞	车站因故需取消已办妥的电话闭塞手续时，应确认列车未进入闭塞区域，停止交付路票或收回已交付路票，由提出取消电话闭塞方给出电话记录号码作为取消闭塞的依据	10	
报点要求	闭塞车站之间相互报到、发点并在《行车日志》上做好记录，报点站须及时向行调报列车到、发点	5	
电话记录号规定	电话记录号码自每日零时起至24时止，按日循环编号。电话记录号编号办法为车站（车场）编号加顺序号，详见各线路行车组织细则	5	
反向运行规定	列车反向运行时，车站需在路票左上角加盖"反方向运行"专用章	5	
办理电话闭塞流程	熟练画出正线车站之间办理电话闭塞的流程图	20	

实训 2　电话闭塞法站台接发车作业

1. 实训内容

电话闭塞法站台接发车作业。

2. 实训目标

能独立完成电话闭塞法接发车作业实操。

3. 实训方法

要求学员会熟练掌握正线车站之间办理电话闭塞法流程及各流程的具体作业标准。

4. 评价标准

在实训过程中主要完成以下考核项目，如表 5-2 所示。

表 5-2　电话闭塞法站台接发车作业实训评价标准

考核项目	考核要求	分值	得分
发车作业	1. 行车值班员取得前方站同意闭塞的电话记录号码后，及时记录《行车日志》，并根据闭塞内容填写路票，填写完毕后通知发车人员取路票	5	
	2. 发车人员在车控室取得路票时，应口呼路票要素，行车值班员根据《行车日志》与其共同核对路票	5	
	3. 路票核对无误后，发车人员携带该路票再与该次列车正线司机共同核对。路票核对无误后交与正线司机，并回收上站路票	10	
	4. 发车人员回收上站路票后，将路票沿对角线打"×"，并在右上角注明"回收"字样，待下次至车控室拿取路票时上交	10	
	5. 站台岗看到车门关门动作时，立即操作 PSL 配合关闭站台门	10	
	6. 发车人员确认双门关闭，站台安全后，应站在相应位置显示"发车"手信号	10	
	7. 待列车出清站台后，站台岗向行车值班员汇报（标准用语：上/下行列车发）。行车值班员接到站台岗汇报后，填写《行车日志》并向前方站报发点	10	
	8. 车站回收（交付）路票地点为接车站台（发车站台）侧列车运行方向 1-1 站台门处，若 1-1 车门或站台门故障，则往后顺延	10	

续表

考核项目	考核要求	分值	得分
接车作业	1. 行车值班员在接到后方站的发车报点后，应立即通知站台岗列车即将进站（标准用语：上/下行列车开过来了，准备接车）	10	
	2. 列车到达站台后，站台岗应向行车值班员汇报（标准用语：上/下行列车到），待看到车门开门动作时，立即操作PSL配合开启站台门	10	
	3. 行车值班员收到站台岗的汇报后，及时记录《行车日志》，并向后方站报列车到点	10	

项目训练

➢ 初级

判断题

1. 行车组织指挥架构包括线网监控级、线路控制级和线路执行级。（　　）

2. 报表填写发生错误时，不得乱刮、挖补、涂抹或者用化学药水更改字迹。更改必须用"划线更正法"。（　　）

3. 车站车控室设备 IBP，正常情况下可以触碰操作。（　　）

➢ 中级

填空题

1. 列车发车时与前车间隔应满足"_____"。

2. 列车占用_____之间闭塞区域的凭证为_____。

3. 调度命令按照内容分为_____、施工命令和抢修命令

➢ 高级

简答题

1. 简述隧道内线路积水时的行车组织。

2. 简述人工办理进路适用范围。

3. 简述电话闭塞报点要求。

项目六　车站施工管理

习目标

（1）了解施工管理的相关术语及定义；
（2）掌握施工办理要求。

（1）掌握防护区域设置标准，掌握 A1、A2 类施工作业防护设置标准；
（2）熟练掌握车站施工组织流程。

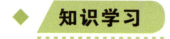

一、施工术语与定义

（一）施工负责人

施工负责人是指对施工作业的组织、安全和管理全面负责的人员，每个施工作业设置一个施工负责人，施工负责人严禁同时负责多项施工作业。

（二）施工责任人

施工责任人是指不需要设置施工负责人的施工作业，或者同一施工作业施工负责人所在作业点外，负责施工组织、安全和管理的人员。

（三）主站

主站是指在作业相关区域范围内，施工负责人办理请销点手续的地点，请点和销点的主站可以不是同一个地点。在主所作业时，主所视作主站。

（四）辅站

同一施工作业多点进行时，除主站外，各个施工责任人办理请销点手续的地点称为辅站，请点和销点的辅站可以不是同一个地点。同一施工作业辅站数量原则上不超过 5 个。

（五）开车作业

开车作业是指需要开行工程车、电客车的施工作业。

（六）施工区域出清

施工区域出清是指在施工区域范围内施工结束后，施工负责人或施工责任人确认所有作业有关人员已撤离，有关设备、设施已恢复正常，工器具、物料已撤走等。

（七）影响行车的施工

影响行车的施工是指在进行该项施工作业时，影响行车设备运行、降低或终止行车条件、妨碍行车安全的施工。

（八）影响客运的施工

影响客运的施工是指进行该项施工作业时，车站客运服务设备设施功能降低，影响客流组织及服务质量的施工。

（九）外单位

外单位是指运营分公司以外的单位，不含长期委外单位，长期委外单位不作为外单位人员管理，分公司管理时视同分公司内部人员。

（十）监管部门

监管部门是指运营分公司内对外单位的施工进行监督和管理的部门、中心，外单位施工时，监管部门可以安排本专业的长期委外维修单位进行现场监督和管理。

二、施工计划分类

施工计划按时间可分为月计划、周计划、临时计划、临时补修；按施工作业地点及影响程度可分为 A 类、B 类、C 类，如表 6-1 所示。

表 6-1　按施工作业地点及影响程度分类

类别	说明	子类	内容
A 类	影响正线行车的施工	A1	在正线，需要开行工程车、电客车的施工
		A2	在正线，不需要开行工程车、电客车的施工
		A3	在车站、主变电所、控制中心范围内，影响正线行车设备运行的施工
B 类	影响车场线行车的施工	B1	开行电客车、工程车的施工（不含车辆中心电客车、工程车检修）
		B2	不需要开行电客车、工程车，但需要进入车场线路限界内，或影响接触网、信号设备运行，或在车场线路限界外 3 m 内种植乔木、搭建相关设施，或需要动火等影响行车的施工
C 类	在车站、主变电所、控制中心、车场等范围内不影响行车的施工	C1	大面积影响客运、影响消防设备正常使用、需要动火或设备设施维护检修施工
		C2	局部影响客运但经采取措施后影响不大；不影响设备运行的检查、清扫、测试；动用简单设备（如动用 220 V 及以下的电力、钻孔等，不违反安全规定）的施工

三、车站施工组织

（一）施工审核

施工审核参见施工组织的相关流程。

（二）施工请销点办理流程

1. A1 类施工组织流程

（1）请点登记：施工负责人提前到主站进行登记，填写《车站施工登记簿》。

（2）请点预审核：车站确认施工负责人登记信息后，在本项施工前预列举该项施工的条件，分别为作业区域出清（途经列车已出清作业区域，作业区域内没有其他 A1、A2 类施工安排等）、供电要求（接触网实时供电状态及地线状态满足作业供电安排）等。

（3）车站向行调请点：车站确认当施工条件达到后由车站向行调请点。

（4）行调批准请点：行调确认符合条件后批准请点，需要封锁作业区时及时发布线路封锁命令。

（5）车站设置防护：车站确认行调批准请点后，组织相关车站设置红闪灯防护，确认红闪灯设置完毕后由车站通知施工负责人可以开始施工，并负责开启相应端门，需要交付线路封锁命令时由车站及时交给工程车、调试车司机。

（6）接触网配合挂拆地线：需要配合挂拆地线时，施工负责人通知电环调组织此项作业挂接地线；施工负责人与电环调确认本作业地线已经挂接完毕后，组织具备验电资格的作业人员进行现场验电，施工负责人须确认接触网无电并做好相关安全防护后，方可开始施工。施工结束后，施工负责人通知电环调拆除本作业地线。

（7）销点登记：施工结束后，施工负责人在得到电环调回复且确认施工区域出清后，到销点站销点登记，销点站负责向施工负责人核实施工区域出清情况，如有行车或设备使用限制条件，销点前一并提出。

（8）车站撤除防护：销点站确认符合销点条件后，按规定组织相关车站撤除红闪灯防护。

（9）销点站向行调销点：销点站核实施工区域出清及防护撤除完毕后向行调销点。

（10）行调批准销点：行调与销点站核实施工区域出清后批准销点，需要解除作业区封锁时及时发布线路开通命令。

（11）施工结束：销点站确认行调批准销点后通知施工负责人施工结束。

（12）凡需要在异地销点的施工，施工负责人在车站履行施工登记手续时，应向该站值班员申明，并做好记录。车站值班员接到施工负责人要求在异地销点的申请后，应核对施工内容，对需要异地销点的施工，通知施工销点站行车值班员受理该施工项目的销点。

2. A2 类施工组织流程

（1）施工预想：运营结束前，OCC 组织相关车站对拟授权区域及区域内相关的施工作业开展预想。

（2）请点登记：施工负责人、责任人提前到主站、辅站进行登记请点，车站核对施工负责人、责任人证件与施工作业令一致后，方可办理登记。

（3）施工区域集中授权：行调确认拟授权区域出清（确认该区域内没有动车作业且电客车、工程车不进入该区域），设置相关防护且符合施工组织时间规定后，方可将该区域集中授权给车站。

（4）施工审核、批点：车站确认登记信息，审核施工计划的作业区域在行调授权区域内，且其他施工条件符合施工要求并设置相应防护后，方可批准该项施工计划请点。

（5）开始施工：车站通知施工人员可以开始施工，车站负责开启相应端门。施工人员进入轨行区前，应设置 SPKS 防护并挂锁或者确认 SPKS 防护已挂锁。

（6）销点登记：施工结束后，施工负责人、责任人确认施工区域出清后，分别到主站、辅站销点登记，主站、辅站分别负责向施工负责人、责任人核实施工区域出清情况。

（7）辅站销点：辅站向销点站销点。

（8）销点站销点：销点站在核实所有辅站销点、施工结束，施工作业区域出清、防护撤除完毕后销点。

（9）施工结束：销点站批准销点后，通知施工负责人、责任人施工结束。行值确认本站范围内（本站请销点及作业区域涉及本站的）所有作业均已销点后，即可撤除本站防护。

（10）施工区域集中授权收回：行调与车站确认授权区域内车站批准的所有施工已销点，收回施工区域集中授权后取消相关防护。

3. 其他 A2 类施工组织流程

（1）请点登记：施工负责人、责任人提前到主站、辅站进行登记请点。

（2）请点预审核：车站确认登记信息后，在本项施工前预列举该项施工的条件，分别为作业区域出清（途经列车已出清作业区域、作业区域内没有其他 A1 类施工安排）、影响区域符合施工的条件、供电要求（接触网实时供电状态及地线状态满足作业供电安排）等。

（3）主站向行调请点：主站确认当施工条件达到后由车站向行调请点。

（4）行调批准请点：当施工条件符合施工要求后由行调批准请点。

(5) 开始施工：行调批准请点后，主站通知施工负责人可以开始施工；辅站向主站办理请点得到批准后，通知施工责任人可以开始施工，车站负责开启相应端门。施工人员进入轨行区前应设置 SPKS 防护并挂锁或者确认 SPKS 防护已挂锁。

(6) 确认接触网挂拆地线：需要配合挂拆地线时，施工负责人与电环调确认本作业地线已经挂接完毕，组织具备验电资格的作业人员进行现场验电，施工负责人需确认接触网无电并做好相关安全防护后方可开始施工。施工结束后，施工负责人通知电环调施工结束，电环调做好相关记录。

(7) 销点登记：施工结束后，施工负责人得到电环调回复且确认施工区域出清后，分别到主站、辅站销点登记，主站、辅站分别负责向施工负责人、责任人核实施工区域出清情况。

(8) 辅站销点：辅站向销点站销点。

(9) 销点站向行调销点：销点站在核实所有辅站销点、施工结束，施工作业区域出清、防护撤除完毕后向行调销点。

(10) 行调批准销点：行调核实施工区域出清后批准销点。

(11) 施工结束：销点站得到行调批准销点的信息后，通知各辅站，由销点站、辅站分别通知施工负责人、责任人施工结束。行车值班员确认本站范围内（本站请销点及作业区域涉及本站的）所有作业均已销点后，即可撤除本站所有防护。

(12) 凡需要在异地销点的施工，施工负责人、责任人在车站履行施工登记手续时，应向该站值班员申明并做好记录。车站值班员接到施工负责人、责任人要求在异地销点的申请后，应核对施工内容，对需要异地销点的施工，通知施工销点站行车值班员受理该施工项目的销点。

4. A3 类施工组织流程

(1) 请点登记：施工负责人、责任人提前到车站、OCC 等进行登记请点。

(2) 请点预审核：请点站确认登记信息后，在本项施工前预列举该项施工的条件（如对信号、接触网、低压负荷等行车设备的影响）。

(3) 主站向行调请点：主站确认当施工条件达到后向行调请点。

(4) 行调批准请点：当施工条件符合施工要求后由行调批准请点。

(5) 开始施工：行调批准请点后，主站通知施工负责人可以开始施工；辅站向主站办理请点得到批准后，通知施工责任人可以开始施工。

(6) 销点登记：施工结束后施工负责人到主站进行销点登记，主站向施工负责人核实施工区域出清情况。

(7) 销点站向行调销点：销点站核实施工结束、施工作业区域出清、防护撤除完毕后向行调销点。

(8) 行调批准销点：行调核实施工区域出清后批准销点。

(9) 施工结束：销点站在得到行调批准销点的信息后，通知施工负责人结束施工。

5. B1 类施工组织流程

(1) 请点登记：施工负责人提前到车场指挥调度室进行登记，填写《车场施工、停送电作业登记簿》，向场调提出施工申请，场调检查施工作业令、施工负责人证件，办理相关作业手续。

(2) 车场设置防护：场调确认满足施工条件后做好该项施工作业的相关防护，并做好相关记录。

(3) 批准请点：场调确认作业区域线路、接触网供电安排、车辆已到位等施工条件满足，设置该项作业的信号防护后批准该施工作业。需要配合挂拆地线时，施工负责人通知电环调组织挂接地线；施工负责人与电环调确认地线已经挂接完毕后方可开始施工并做好相关安全防护，施工负责人须组织具备验电资格的作业人员进行现场验电，确认接触网无电后方可开始施工并做好相关安全防护。

(4) 销点登记：施工结束后，施工负责人通知电环调组织人员拆除接地线，施工负责人得到电环调回复且施工负责人确认施工区域出清后，到车场指挥调度室进行销点登记，场调负责向施工负责人核实施工区域出清情况。

(5) 批准销点：场调向施工负责人核实施工区域出清后批准销点，施工结束。

(6) 车场取消防护：场调撤除该项施工作业的相关防护。

6. B2 类施工组织流程

(1) 请点登记：施工负责人提前到车场指挥调度室进行登记，填写《车场施工、停送电作业登记簿》，向场调提出施工申请，场调检查施工作业令、施工负责人证件，办理相关作业手续。

(2) 车场设置防护：场调确认满足施工条件后做好该项施工作业的相关防护，并做好相关记录。车场施工、检修作业由作业人员各自挂锁，第一个进入该防护区域的作业人员设置并挂锁，后续作业人员确认已挂锁后再自行挂锁。

(3) 批准请点：场调确认防护完毕后（确认接触网满足请点条件后）批准该施

工作业。需要配合挂拆地线时，施工负责人通知电环调组织挂接地线；施工负责人与电环调确认地线已经挂接完毕后方可开始施工并做好相关安全防护，施工负责人需组织具备验电资格的作业人员进行现场验电，确认接触网无电后方可开始施工并做好相关安全防护。

（4）销点登记：施工结束后，施工负责人通知电环调组织拆除接地线，施工负责人得到电环调回复且施工负责人确认施工区域出清、人员出清时，各自撤除铜锁，最后出清的作业人员恢复SPKS后，到车场指挥调度室进行销点登记，场调负责向施工负责人核实施工区域出清情况。

（5）批准销点：场调向施工负责人核实施工区域出清后批准销点，施工结束。

（6）车场取消防护：场调撤除该项施工作业的相关防护。

7. C1类施工组织流程

（1）请点登记：施工负责人、责任人提前到相关车站、车场、控制中心等场所进行请点登记。

（2）批准请点：由车站、场调批准请点。在控制中心由相应线路设调批准。

（3）进场施工：请点完成后，施工人员自行进入正确的作业区域；作业令上注明"作业前联系电环调"的，作业过程中若作业影响到相关设备运行时，施工人员必须先与电环调联系，取得电环调同意，方可操作，未提前联系取得同意施工的，由施工负责人承担全部责任。

（4）销点登记：施工结束，施工负责人、责任人确认施工区域出清后，分别到车站、车场、控制中心等场所进行销点登记。

（5）批准销点：向施工负责人核实施工区域出清并确认设备符合服务条件后，车站、场调、控制中心设调直接批准销点。

8. C2类施工组织流程

（1）施工作业人员提前到相关车站、车场、控制中心等场所进行请点登记，车场内C2类作业施工统一到车场调度指挥室登记请点。

（2）在车站的C2类施工由车站批准请点，在控制中心大厅的C2类施工由相应线路设调批准请点，在车场的C2类施工由场调直接批准请点。

（3）作业结束后，施工作业人员分别到车站、车场、控制中心等场所进行销点登记。车场内的作业，施工作业人员向场调申请销点，场调确认作业结束后批准销点，并通知施工作业人员作业结束。

9. 控制中心、变电所、车场及其他施工请销点程序

（1）当施工作业的主站为控制中心、变电所、车场等非车站时，请销点流程参照主站为车站时的执行方式办理。

（2）变电所范围内的 C 类作业登记后由值班人员批准。

（3）主站为控制中心的 A 类施工作业由设调向行调请销点，主站为控制中心的 C 类作业登记后由设调批准。

（4）主站为车场的 A 类施工作业由场调向行调请销点，主站为车场的 C 类作业登记后由场调批准。

（5）其他情况到就近车站进行登记。

（三）施工防护

1. 开行工程车、电客车的防护区域

（1）组织工程车、电客车出场、回场时，在工程车、电客车运行前方必须保证至少有"一站两区间"空闲。

（2）在开车作业的封锁作业区两端必须保证"一站一区间"空闲作为防护区域。

（3）原则上两个封锁作业区不能共用同一个防护区域。

2. 施工作业红闪灯防护

（1）A1 类施工作业红闪灯设置要求。

A1 类施工作业由车站在作业区域两端及正线防护区域端点的轨道中央并排（与轨道方向垂直）放置两盏红闪灯。施工作业请点批准后，在作业区域两端车站及防护区域端车站设置红闪灯防护。作业部门作业结束后，销点车站通知相关车站撤除红闪灯防护后办理销点手续。

下列情况 A1 类施工无须设置红闪灯：

① 组织电客车或工程车出/回场、列车转到其他线路时，运行线路两端无须设置红闪灯。

② 当作业区域的一端属于尽头线或出入段场线路时，无须在该端设置红闪灯；A1 作业时，正线与车场线路分界处无须设置红闪灯。

③ 全线动车作业时，无须在作业区域两端设置红闪灯防护。

(2) 其他施工作业红闪灯设置要求。

① A2 类施工作业由施工人员在施工过程中实施必要的防护。设置红闪灯时，必须在作业现场来车方向轨道中央各设置一盏红闪灯，遇多个作业须在同一地段设置红闪灯时，相邻两个红闪灯之间至少有 1 m 以上的距离（移动式作业设置移动式红闪灯，随身携带设置），红闪灯的设置位置不得越出作业区域。

② B1 类施工无须在线路上设置红闪灯防护。

③ B2 类施工作业人员应在作业现场来车方向轨道中央各设置 1 盏红闪灯防护，红闪灯的设置位置不得越出作业区域。

（四）施工作业中车站人员职责

（1）负责核实施工作业人员和施工负责人的相关证件，查验外单位施工人员相关证件。

（2）负责办理施工作业登记、请销点手续。

（3）负责设置和撤销 A1 类施工作业的红闪灯防护。

（4）负责监督施工负责人和配合人员清点进出作业区域的施工作业人员。

（5）负责监督车站施工作业安全。

（6）负责向施工负责人、配合人员核实施工区域出清情况。

技能实训

实训 1　施工防护设置

1. 实训内容

施工防护设置作业标准。

2. 实训目标

熟练掌握防护区域设置标准及 A1、A2 类施工作业防护设置标准。

3. 实训方法

要求学员根据施工防护设置作业标准,准确完成防护设置作业。

4. 评价标准

在实训过程中主要完成以下考核项目,如表 6-2 所示。

表 6-2　施工防护设置实训评价标准

考核项目	考核要求	分值	得分
开行工程车、电客车的防护区域	组织工程车、电客车出场、回场时,在工程车、电客车运行前方必须保证至少有"一站两区间"空闲	10	
	在开车作业的封锁作业区两端,必须保证"一站一区间"空闲作为防护区域	10	
	原则上两个封锁作业区不能共用同一个防护区域	10	
A1 类施工作业红闪灯防护	A1 类施工作业由车站在作业区域两端及正线防护区域端点的轨道中央并排(与轨道方向垂直)放置两盏红闪灯。施工作业请点批准后,在作业区域两端车站及防护区域端点车站设置红闪灯防护。作业部门作业结束后,销点车站通知相关车站撤除红闪灯防护后办理销点手续	20	

续表

考核项目	考核要求	分值	得分
A1 类施工作业红闪灯防护	A1 类施工例外情况： 1. 组织电客车或工程车出/回场、列车转到其他线路时，运行线路两端无须设置红闪灯。 2. 当 A1 作业区域或防护区域的一端属于尽头线或出入段场线路时，不需在该端设置红闪灯；A1 作业时，正线与车场线路分界处无需设置红闪灯。 3. 全线动车作业时，不需在作业区域两端设置红闪灯防护	20	
其他类施工作业红闪灯防护	A2 类施工作业由施工人员在施工过程中实施必要的防护。设置红闪灯时，必须在作业现场来车方向轨道中央各设置一盏红闪灯，遇多个作业须在同一地段设置红闪灯时，相邻两个红闪灯之间至少有 1 m 以上的距离（移动式作业设置移动式红闪灯，随身携带设置），红闪灯的设置位置不得越出作业区域	10	
	B1 类施工不需要在线路上设置红闪灯防护	10	
	B2 类施工作业人员应在作业现场来车方向轨道中央各设置 1 盏红闪灯防护，红闪灯的设置位置不得越出作业区域	10	

实训 2　施工调度系统

1. 实训内容

施工调度系统数据备份要求、施工预想和车站施工请销点要求。

2. 实训目标

熟练掌握施工调度系统数据备份、施工预想和请点登记及证件审核。

3. 实训方法

要求学员在调度系统中完成模拟操作。

4. 评价标准

在实训过程中主要完成以下考核项目，如图 6-1、表 6-3 所示。

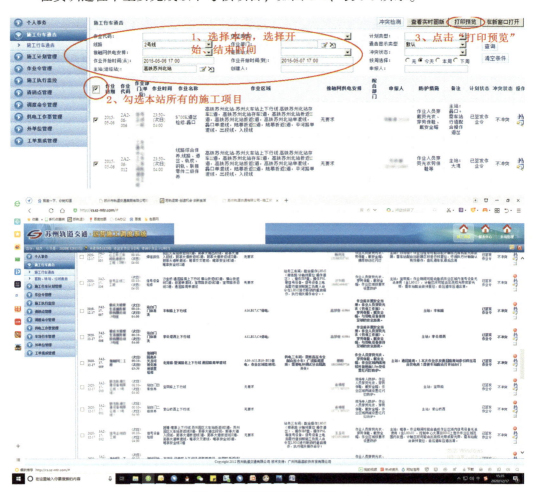

图 6-1　施工调度系统界面

表 6-3 施工调度请点登记标准

考核项目	考核要求	分值	得分
施工调度系统数据备份要求	车站在每日 18:00，将本站当日 18:00 至次日 18:00 的《施工行车通告》做电子档保存，保存文件名格式为施工行车通告-××××年××月××日，并按年、月分类存档	10	
	车站办理施工请点或销点时，在电子档《施工行车通告》中同步备份请销点批准时间，在请点时还需备份施工负责人（责任人）姓名、联系方式及作业人数	20	
	若遇到临时（补）计划时，车站应及时将相关记录添加到电子档中备份	10	
施工预想	车站开展的施工预想：车站值班员、值班站长接班后，对本站为主站或途经站的施工进行施工预想，对施工办理条件、防护设置要求、监管要求等重点工作内容进行预想	10	
	OCC 组织的施工预想：运营结束前（约 22:00），OCC 组织相关车站对拟施工授权区域及区域内相关的施工作业开展预想，原则上采用调度电话集中会议形式开展，作业预想内容 OCC 需指定专人进行复诵	10	
请点登记及证件审核	车站应严格核对《施工作业令》与《施工行车通告》保持一致，核实施工负责人（责任人）证件信息与本人一致后，方可同意施工负责人（责任人）在施工调度系统上进行签名或在《车站施工登记本》上登记	20	
	施工负责人（责任人）证件可为员工卡原件、身份证原件、临时身份证原件、身份证复印件加本人身份证补办证明（公安机关出具）	10	
	采用施工调度系统办理施工时，车站核对系统中已发放的电子作业令。施工调度系统故障或无法使用时，车站核对纸质《施工作业令》（原件、复印件、传真件均可）	10	

实训 3　施工区域集中授权区域封锁、解封

1. 实训内容

施工区域集中授权区域封锁、解封流程。

2. 实训目标

熟练掌握施工区域集中授权区域封锁、解封作业规范。

3. 实训方法

要求学员在调度系统中完成模拟操作。

4. 评价标准

在实训过程中主要完成以下考核项目，如表 6-4 所示。

表 6-4　施工区域集中授权区域封锁、解封作业标准

考核项目	考核要求	分值	得分
施工区域集中授权区域封锁、解封流程	车控室封锁防护由行值通过信号系统设置	20	
	施工区域集中授权命令发布后，行值通过信号系统自行设置封锁防护（非设备集中站自行联系设备集中站进行设置），设置完毕后报 OCC，由行调确认车站正确设置防护	30	
	集中授权区域终端为站台时，授权区域两端站在授权区域两端站的站台轨道区段（虚拟 B 区段）设置封锁防护；集中授权区域终端为区间时，授权区域两端站（授权区域外的相邻车站）在授权区域外相邻车站的站台轨道区段（虚拟 B 区段）设置封锁防护	30	
	区域集中授权命令收回后，行值确认条件满足后撤除施工授权区域封锁防护	20	

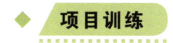

项目训练

> 初级

填空题

1. 各施工部门、单位原则上必须在批准的作业结束时间内完成施工作业及施工区域出清，如果因故需要延长作业时间，由施工负责人于批准的作业结束时间前_____分钟向主站提出，由车站向行调申请延点，由行调进行批准。

2. 同一施工作业辅站数量原则上不超过_____个。

3. A1类施工作业由车站在的轨道中央_____、_____并排（与轨道方向垂直）放置两盏红闪灯。

> 中级

判断题

1. 施工期间，车站无须条件即可提供配合的内容有：开关站台门端门、开启车站公共区（隧道）照明、开关卷帘门、开关电扶梯，除此之外的配合工作需查看《施工作业令》中站务车间配合意见或根据OCC命令执行。（   ）

2. 在作业相关区域范围内，施工负责人办理请销点手续的地点为主站，请点和销点的主站必须是同一个地点。（   ）

3. 周期性计划：分为月计划、半年计划、周计划（各线路施工计划周期根据生产运作实际情况制定）。（   ）

> 高级

简答题

1. 简述A1类施工无须设置红闪灯的情况。

2. 简述异地销点相关要求。

3. 简述A1类施工预审核条件。

项目七　车站乘客服务

学习目标

（1）了解车站乘客信息系统（PIS）的组成；
（2）了解PIS乘客服务应急信息发布的内容；
（3）了解拾遗物品管理条例；
（4）了解票务工作管理规范。

技能目标

（1）熟练掌握广播播放范围、声源选择等作业标准；
（2）掌握PIS乘客服务应急信息发布的内容和要求。

知识学习

一、乘客信息系统

乘客信息系统指的是依托多媒体网络技术，以计算机系统为核心，通过列车的显示终端，让乘客及时准确地了解列车运营信息和公共媒体信息的多媒体综合信息系统。乘客信息系统的主要优点是：采用1 000 M冗余环网连接方式，当任何一根网线断开的时候，仍能保证100 M带宽的干线网络传输，传输延迟小于3 ms；以多媒体播放的形式向乘客提供当前线路的车站信息和换乘信息；遇到紧急情况，乘客可以通过 PIS 报警装置通知地铁工作人员进行处理；实时监控列车车厢，保存监控录像；支持灵活的时间周期广告业务，如按周、月、年等。

乘客信息系统适于轨道交通应用，采用 DC 110 V 电源供电，其电压波动范围为 77~137.5 V，冲击和振动执行 IEC61373—1999 标准，电磁兼容性符合 EN50121 标准的要求。系统的线缆及非金属材料满足低烟、阻燃、无卤等要求。

整个系统按照模块化和集成化的原则进行设计，由列车音频信息系统、视频信息显示系统、视频监控系统以及便携式测试维护系统等组成。

（一）车站 PIS 信息管理要求

（1）车站 PIS 显示屏包括 LCD、LED 两种类型。LCD 显示屏的信息编辑、发布工作原则上不应由车站人员操作；LED 显示屏的信息编辑、发布工作必须由值班员及以上层级人员进行操作，车站严禁更改显示内容，信息发布情况由当班值班站长负责。

（2）车站加强对站厅、站台 PIS 播放内容的监视，发现非法内容插播时，及时向设调、通号进行专业汇报。遇非法内容插播需关闭 PIS 时，车站统一解释口径为设备故障。

（二）PIS 乘客服务应急信息发布的内容和要求

PIS 的信息发布时机：列车延误 10 min 及以上时，OCC 及时告知车站列车延误原因，同时 PIS 信息（在系统上以预案模板方式或临时信息方式）由 OCC 滚动发布。当发生紧急情况或列车延误超过 20 min 时，由 OCC 全屏发布。

发布范围：预计列车延误 10~20 min 时，仅在故障线路各车站、列车发布；预计列车延误 20 min 及以上或启动应急公交接驳时，在线网各车站、列车发布。

（三）车站计算机（SC）管理要求

（1）只允许当班值班员及以上级别人员、区域站长、站务车间和中心票务工程师、AFC 人员操作车站 SC；若非当班员工操作完毕后，应立即注销退出。

（2）在正常情况下，车站 SC 应保持开启状态。

（3）在运营前检查时，由行车值班员负责登录车站 SC，通过 SC 开启 AFC 终端设备，检测车站计算机与其他设备的连接状况等。车站人员还需现场确认设备状态正常，根据实际情况做好记录；若发现大面积设备故障，按要求做好信息汇报，及时电话联系进行系统报修处理。

（4）在运营过程中，由行车值班员或客运值班员监督 SC 显示各种设备状态。

（5）必要时，可通过 SC 查询设备状态、闸机的车票历史记录、系统设置参数等，控制站厅的各种 AFC 设备。

（6）运营结束后，行车值班员通过 SC 将所有 AFC 设备设置为暂停服务。

（7）在票务事件调查时，值班站长及以上级别人员有权限查询 TVM、BOM、IBOM、AGM 的交易记录。

（8）值班员或以上级别人员在处理乘客事务时可在 SC 上查询 TVM、AGM、BOM、IBOM 的单笔交易记录。

二、拾遗物品管理

（一）拾遗物品登记表

拾遗物品是指工作人员及乘客在轨道交通运营范围内拾到并转交他人遗留的各类有形和有价的物品，拾遗物品登记表如表 7-1 所示。

表 7-1 拾遗物品登记表

序号	拾物时间	物品名称及物品特征	拾物人	登记人（工号）	认领时间	认领人			认领经办人	备注
						姓名	证件号码	联系电话		

表 7-1 中,"拾物时间"栏为拾到丢失物品的时间;"认领时间"栏为失主领取失物的时间;"拾物人"栏为拾到遗失物的人;"登记人"栏为遗失物的接收人;"认领人"栏为失主领取失物时填写的相关信息。"认领经办人"栏为办理乘客失物领取的人。

(二)拾遗物品部门管理职责

不同部门对于拾遗物品的管理职责具体如下:

1. 客运营销中心

(1)值班站长对拾遗物品进行登记,包括站务人员拾获的以及乘务、保安、保洁、乘客等拾获上交车站的物品。

(2)值班站长对其所辖车站内拾遗的物品进行登记、保管、移交。

(3)站务车间对车站登记的拾遗物品信息进行接收,并配合失主查询遗失情况。

(4)值班站长对失主认领遗失物品进行辨认、登记。

(5)站务车间将各车站超过规定时间认领的物品汇总至安保部处理,并做好相关交接登记。

(6)站务车间服务工程师对拾遗物品的处理过程进行跟踪。

(7)安保部需要进行拾遗物品调查时由车间服务工程师进行配合,中心服务工程师对调查过程进行监督。

2. 安保、财务和技术调度部

(1)安保部负责对上交的拾遗物品进行登记、保管、招领等工作。

(2)安保部负责对超过时限无人认领的普通物品与综合部财务科共同报备。

(3)安保部负责将超过时限无人认领的贵重物品移交轨道治安分局。

(4)财务部负责协同安保部对无价拾遗物品的报备进行处理。

(5)技术调度部负责汇总各车站拾遗物品的信息,便于失主查询联系。

(三)拾遗物品处理流程、方法及规定

1. 拾遗物品处理程序

(1)车站拾到物品后,应及时通过本站广播对拾获的物品进行招领。如遗失物品中有失主联系方式的,由车站通知失主到车站认领失物。

（2）车站拾到物品后，由拾获人（接收人）和当班值班站长在监控范围内清点，并在 30 min 内共同完成拾遗物品平台登记。实物由车站统一保管、交接，严禁员工使用、占有拾遗物品。

（3）车站对拾获的物品保管期限为一个月，如超过保管期无人认领，站务车间每月组织对超过车站保管期的物品进行移交。车站在实物移交前进行拾遗物品平台移交操作，与站务车间进行现场实物清点后，交接双方在现场移交清单签字，站务车间根据实际清点情况在拾遗物品平台进行移交确认。

（4）分公司对乘客拾遗物品保管期限为一年，如超过保管期无人认领，由处理部门按照分公司认可的形式组织处理，并做好相关记录留存。

（5）拾遗物品主要分为三类，分别为现金、贵重拾遗物品（数码产品类、首饰类及其他单件价值在 500 元及以上的物品）和普通拾遗物品（日用品类、服饰类及其他价值在 500 元以内的物品）的处理。

① 车站拾获的现金须存放于锁闭的保险柜中，每月移交站务车间后，由站务车间进行保管。客运营销中心每年组织各站务车间对超过分公司保管期的现金进行集中处理。

② 车站拾获的贵重拾遗物品原则上应存放于锁闭的保险柜中，每月移交站务车间后，由站务车间进行保管。超过 6 个月无人认领的贵重拾遗物品清单由站务车间及时报备客运营销中心。客运营销中心每半年组织各站务车间上交超过 6 个月的无主贵重拾遗物品及清单，并与安保部对接，安保部每年联系上级部门或按照分公司认可的方式进行处理。

③ 车站拾获的普通拾遗物品，整理存放于车控室合适位置，每月移交站务车间后，由站务车间统一存放于车站拾遗物品管理用房（应在设备区能保持锁闭），妥善保管。客运营销中心根据无主拾遗物品保管情况，每年组织各站务车间对超过分公司保管期的物品进行集中处理。

2. 拾遗物品认领程序

（1）如失主前往车站寻找遗失物品，车站根据乘客提供的物品信息，对车站拾遗物品信息进行查询，确认是否有相符物品，如有相符物品，经确认后，在拾遗物品平台中办理拾遗物品的返还登记工作，将物品交还认领人。

（2）如车站拾遗物品信息中没有相符拾遗物品的登记，车站可利用拾遗物品平台查询其他车站是否有相符物品，如有相符物品，告知乘客到相应拾遗车站认领。

(3) 如车站未查询到失主所要寻找的物品信息登记，车站工作人员在安抚失主的同时，留下失主的联系方式，并告知失主车站会继续帮助其寻找，如有线索会在第一时间通知失主认领。

(4) 如拾遗物品超过一年无人认领且被处理时，由处理部门自处理当日起两个工作日内在拾遗物品管理平台中对相关信息进行闭环处理，移交当日到场相关监督部门并在移交清单上签字确认。

3. 拾遗物品认领注意事项

(1) 由认领人提供失物特征，车站或服务热线初步确认在所存失物中是否有相符物品。

(2) 如有相符物品，认领人须提供最能表明失物特征的证明，如一致则认领人到失物保管部门办理认领手续。

(3) 认领人必须凭本人有效证件办理领取手续，并留下有效联系电话。

(4) 拾遗物品保管部门必须认真核对认领人的身份证或有效证件、联系电话，核实无误后方可办理交接手续。

(5) 如公安机关需提前索取乘客遗失物品，需与拾遗物品保管部门办理相关移交手续。

4. 特殊拾遗物品处理规定

(1) 车站如拾到贵重物品或有"特快专递""挂号""机密""绝密"等字样的信（文）件、图纸、重要证件，需放入车站保险箱做好保管、交接工作。

(2) 对于易腐烂变质的物品，车站应在条件允许的情况下做好必要的保管；对未能及时找到失主认领的易腐烂变质的物品，可由当班值班站长登记后予以处理。

5. 危险品及违禁品处理规定

(1) 如发现类似枪支、弹药、汽油、硫酸等易燃、易爆、腐蚀、剧毒物品时，车站工作人员应立即通知轨道治安分局及客运营销中心生产科进行处理。具体处置流程参照《车站可疑物品现场处置方案》。

(2) 轨道公安人员到场后立即将物品移交轨道治安分局签收处理，具体签收流程以公安部门的规定为准。

6. 考核与奖惩

冒领、挪用、侵吞、损毁拾遗物品的相关人员，除返还原物或赔偿经济损失外，比照侵占公司财物相关规定进行处理，情节严重的交轨道治安分局处理。

三、票务组织管理系统

在地铁运营管理中,票务中心(图 7-1)负责票务组织管理工作。票务组织管理是对车票流向、票款收入和自动售检票系统的运行情况进行总体监视、控制、协调、指挥和调度的过程。票务组织管理工作的好坏直接影响到运营公司的收入和经济效益,因此,必须重视票务组织管理工作,将其定位为运营组织管理的核心。

图 7-1 票务中心

票务组织管理系统的业务管理内容主要包括:制定票务政策、收益管理、车票管理、票务设备设施管理、车站票务管理、AFC 设备设施管理等。其中设备设施的管理非常重要。

车站中心计算机系统是车站 AFC 的核心部分,可对本车站内部的所有设备进行实时监控,实现对车站 AFC 运营、票务、收益及维修的集中管理功能。SC 可收集、处理车站内各类数据,并上传到 LC;接收 LC 下传的各类系统参数,并下传到各车站设备;可接收 LC 下达的系统各类指令,并下传到各车站设备;可根据需要,自行向车站设备下达控制指令,并将该操作记录上传到 LC。

车站中心设备的日常巡视是指车站中心设备在正常运行时间内，通过表象来观察车站中心设备的运行状态。

车站中心设备日常巡视的主要内容包括：巡视车站中心设备工作状态是否正常和客运人员使用情况；检查各指示灯显示是否正确、线缆是否连接正确，有无破损情况。

技能实训

实训 1　广播作业实训

1. 实训内容

广播播放作业标准。

2. 实训目标

熟练掌握广播播放范围、声源选择等作业标准。

3. 实训方法

要求学员熟练掌握广播播放范围、声源选择等作业标准,准确完成广播播放。

4. 评价标准

在实训过程中主要完成以下考核项目,如表7-2所示。

表7-2　广播播放作业标准

考核项目	考核要求	分值	得分
广播范围选择	对本站的全部广播区,包括电梯及自动扶梯	20	
	对本站的任意部分广播分区组合	20	
	对本站任一单独广播分区	20	
声源选择	语音(背景音乐)	10	
	话筒	10	
监听	可选择本站任意单一广播区域的语音广播内容进行监听	20	

实训 2　LED 应急信息发布

1. 实训内容

PIS 乘客服务应急信息发布。

2. 实训目标

熟练掌握 PIS 乘客服务应急信息发布的内容和要求。

3. 实训方法

要求学员熟练掌握 PIS 乘客服务应急信息发布时机和发布范围。

4. 评价标准

在实训过程中主要完成以下考核项目，如表 7-3 所示。

表 7-3　LED 应急信息发布标准

考核项目	考核要求	分值	得分
PIS 的信息发布时机	列车延误 10 min 及以上时，OCC 及时告知车站列车延误原因	20	
	PIS 信息（在系统上以预案模板方式或临时信息方式）由 OCC 对本站的全部广播区滚动发布	20	
	当发生紧急情况或列车延误超过 20 min 时，由 OCC 全屏发布	20	
发布范围	预计列车延误 10~20 min 时，仅在故障线路各车站、列车发布	20	
	预计列车延误 20 min 及以上或启动应急公交接驳时，在线网各车站、列车发布	20	

项目训练

➤ 初级

填空题

1. PIS 乘客服务应急信息发布遵循的原则是＿＿＿＿＿＿＿＿，达到应急级别时，工作站有权停止 PIS 广告等正常信息发布。

2. 车站 PIS 包括＿＿＿＿、＿＿＿＿两种类型。

3. 车站拾到物品后，由拾获人（接收人）和当班值班站长在监控范围内清点，并在＿＿＿＿＿＿＿分钟内共同完成拾遗物品平台登记。

➤ 中级

判断题

1. LCD 显示屏的信息编辑、发布工作原则上不应由车站人员操作。（　　）

2. LED 显示屏的信息编辑、发布工作必须由值班员及以上层级人员进行操作，车站严禁更改显示内容，信息发布情况由当班值班站长负责。（　　）

3. 在正常情况下，SC 应保持开启状态。（　　）

➤ 高级

简答题

1. 简述 PIS 的信息发布时机及发布范围。

2. 简述拾遗物品认领程序。

3. 简述特殊拾遗物品处理规定。

项目八　突发事件（事故）应急措施及分类

（1）了解车站安全管理条例；
（2）了解信息分类、传递和事件处理流程。

技能目标

（1）熟练掌握信息分类、传递和事件处理流程和操作；
（2）熟练掌握行车备品的存放、使用及交接作业标准；
（3）熟练掌握空气呼吸器操作。

一、突发事件（事故）应急定义

突发事件（事故）应急是指针对可能发生的事件（事故），为迅速、有序地开展应急行动而预先制定的行动方案，又称预防和应急处理预案、应急处理预案或应急救援预案。突发事件（事故）应急用来提高苏州市轨道交通集团有限公司保障公共安全和处置突发事件能力，有效维护运营安全，最大限度地预防和减少各类突发事件及其造成的损害，保障公众健康和生命财产安全，维护社会秩序稳定。

二、工作原则

（一）以人为本、预防为主

把保障人民群众生命安全作为首要任务，高度重视运营安全工作，常抓不懈，防患于未然。凡是可能造成人员伤亡的突发事件，要及时采取人员避险措施、优先开展抢救人员的紧急行动；要加强抢险救援人员的安全防护，最大程度地避免和减少突发事件造成的人员伤亡和危害。

（二）统一指挥、分工协作

在公司的统一领导下，各有关部门按照各自的职责分工和权限，负责有关的应急处置工作，处置中主动配合、密切协作、信息共享、形成合力，保证突发事件信息的及时准确传递、快速有效处置。

（三）快速反应、先通后复

一旦发生突发事件，要根据事件类型、级别等因素迅速启动相应预案，做到快速反应、正确应对、果断处置，尽快恢复运营，尽量减少损失。

（四）依靠科技、规范管理

采用先进的监测、预测、预警、预防和应急处置技术及设施，充分发挥专业人员的作用，提高应对突发事件的技术水平和指挥能力，防止事态扩大。依据有关法律法规，加强应急管理，使应对突发事件的工作规范化、制度化。

三、事故预防及处理

事故这个概念，不同的行业有不同的解读和解释。我们讨论的城市轨道交通系统安全管理中所称的事故是指在运营生产过程中，因违反规章制度、违反劳动纪律、违反作业纪律或技术要求，或因人员技能不高、设备技术状态不良及其他原因，造成人员伤亡、设备损坏、影响正常生产作业或危及安全生产的事件，达到事故规则规定标准的部分。

(一) 事故预防原则

"安全第一、预防为主、综合治理"是安全生产管理最基本的方针，事故预防是做好安全工作的重点，就是要根据具体工作的要求和事故发生的原因，采取积极有效的措施，减少或制止事故的发生。

根据有关资料介绍，目前较为公认的事故预防的原则有六条：

（1）预防事故是任何一个企业实现良好管理，生产出优质产品工作中不可缺少的部分。

（2）管理人员与生产人员必须在预防事故中全心全意合作。

（3）企业的最高领导人是负责安全工作的第一责任者，他必须在生产安全活动中起主导作用。

（4）每个工作岗位都必须有一个明确且为大家所了解的安全目标。

（5）必须有一个组织机构来贯彻安全方针，以组织实施并研究对策。

（6）尽可能采用最新的安全技术和方法。

在各种安全活动中，事故的预防是根本和第一位的。对待事故的预防要积极，预防的措施要科学、全面、合理。不论发生事故的主体和客体、局部和整体，都应制定行之有效的管理方法和操作规程，针对有可能发生安全事故的方面，积极拟定相关预案并开展演练。

行车事故的预防除遵循上述原则外，还要结合具体情况加以处置。同时车站要对设备操作培训过程中存在的盲点及时开展设备操作、规章制度、作业标准等的回炉培训，防止行车值班员作业过程中的疏漏行为发生，另外车站要进行事故案例、应急预案的宣传和学习，举一反三，迅速提高行车值班员判断处置事件的技术能力和应变能力。

(二) 事故处理原则

发生事故时，要积极采取措施，迅速抢救，以"先通后复"的原则，尽快恢复运营，尽量减少损失。事故处理的过程中，相关人员要沉着冷静，不要急于求成，确保事故处理过程的安全，防止次生事故的发生。在一些行车设备抢修中，行车值班员除了要加强信息的沟通与交流外，还要做好抢修人员的安全防护。

事故责任的判定，要以事实为依据，以有关法规、规章为准绳，按照"四不放过"的原则处理事故，查明原因，分清责任，吸取教训，制定措施，防止同类事故再次发生。

四、突发事件应急预案的分类

（一）自然灾害类

自然灾害类主要有地震应急预案、汛期防洪应急预案、恶劣天气应急预案等。

（二）事故事件类

事故事件类主要有 OCC 火灾应急预案、钢轨折断应急预案、弓网故障应急预案、接触网大面积停电应急预案、列车冲突应急预案、列车故障救援应急预案、列车挤岔应急预案、列车倾覆应急预案、列车脱轨应急预案、区间隧道泄漏应急预案、人车冲突应急预案、通信传输中断应急预案、外界设施侵限应急预案、线路胀轨跑道应急预案、车站火灾应急预案、电客车火灾应急预案、正线车站大面积停电应急预案、信号系统故障应急预案、爆炸应急预案、突发大客流应急预案，以及线路下沉、隆起、坍塌应急预案等。

（三）公共卫生类

公共卫生类是指国家或地方发生疫病传播等紧急事件情况时的应急预案。

（四）社会安全类

社会安全类主要有毒气袭击应急预案、突发治安事件应急预案等。

五、突发事件应急预案的分级

运营突发事件应急预案分为总体应急预案、专项应急预案和现场处置方案，三者之间应当相互衔接，并与所涉及的其他单位的应急预案相互衔接。

（一）总体应急预案

根据本单位的组织结构、管理模式、生产规模和风险种类等特点，组织编制企业总体应急预案，作为应对各类突发事件的综合性文件，从总体上阐述处理事故的应急方针、政策，应急组织结构及相关应急职责，应急行动、措施和保障等基本要求和程序。

(二) 专项应急预案

针对本单位可能发生的某一类型或几种类型，以及不同类别的事故或风险而制定的涉及数个部门（中心）/专业职责的应急预案，应明确具体应急处置程序、应急救援和保障措施。

(三) 现场处置方案

运营分公司有关部门（中心）根据轨道公司运营突发事件总体应急预案、专项应急预案和部门职责，针对特定的场所、设备设施和岗位，组织编制相应的现场处置方案，为应对现场典型突发事件，制定具体处置流程和措施。

六、突发事件的分级响应条件

根据事故、事件的危害及影响程度，将分级响应从高到低划分为六个运营企业响应等级：Ⅰ级、Ⅱ级、Ⅲ级、Ⅳ级、Ⅴ级、Ⅵ级。

(一) Ⅰ级响应条件

(1) 造成30人及以上死亡（含失踪），或者危及50人及以上生命安全，或者100人及以上重伤（中毒），或者直接经济损失1亿元及以上。
(2) 需要紧急转移安置10万人及以上的。
(3) 超出省政府应急处置能力的。
(4) 跨省级行政区域、跨领域（行业和部门）的。
(5) 国务院认为需要国务院或其相关职能部门响应的其他事件。

(二) Ⅱ级响应条件

(1) 造成30人以下、10人及以上死亡（含失踪），或者危及50人以下、30人及以上生命安全，或者100人以下、50人及以上重伤（中毒），或者直接经济损失1亿元以下、5 000万元及以上。
(2) 超出苏州市政府应急处置能力的。

(3) 跨市（地）级行政区域的。

(4) 省政府认为有必要响应的其他事件。

（三）Ⅲ级响应条件

(1) 导致10人以下、3人及以上死亡（含失踪），或者危及30人以下、10人及以上，或者50人以下、10人及以上重伤（中毒），或者直接经济损失5 000万元以下、1 000万元及以上。

(2) 造成两条以上线路同时停运2 h以上的。

(3) 市政府认为需要由市级应急机构响应的其他事件。

（四）Ⅳ级响应条件

(1) 死亡（含失踪）1人及以上，3人以下的。

(2) 重伤（中毒）3人及以上，10人以下。

(3) 100万元及以上、1 000万元以下直接经济损失的。

(4) 造成两条两路同时停运1 h及以上，2 h以下；一条线路停运2 h及以上。

(5) 部分车站服务或线路局部中断3 h及以上的。

(6) 事件可以由轨道交通运营企业处理和控制，无须其他部门和单位或仅需调动个别部门和单位资源能够处置的事件。

（五）Ⅴ级响应条件

(1) 重伤（中毒）1人及以上3人以下。

(2) 30万元及以上、100万元以下直接经济损失的。

(3) 造成一条线路停运1 h及以上，2 h以下。

(4) 部分车站服务或线路局部中断1 h及以上，3 h以下的。

（六）Ⅵ级响应条件

(1) 轻伤5人及以上的。

(2) 10万元及以上、30万元以下直接经济损失的。

(3) 场内调车冲突、脱轨、挤岔。

(4) 发生大客流。

七、应急处置指挥权

（1）发生Ⅰ、Ⅱ、Ⅲ级应急响应标准所列事件时，公司应急指挥部根据上级主管部门的应急处置要求，行使轨道公司层面的先期处置指挥权。

（2）发生Ⅳ、Ⅴ、Ⅵ级应急响应标准所列事件时，公司应急指挥部行使运营突发事件应急处置指挥权。

（3）公司应急指挥部成立前，OCC主要承担先期应急指挥工作；成立后，OCC的应急指挥权将移交给公司应急指挥部，由公司应急指挥部统一领导公司的应急处置工作。

（4）突发事件发生在正线时，先期处置的现场指挥权由事发站（OCC指定站）的值班站长（站长在时是站长）承担；突发事件发生在车辆段时，先期处置的现场指挥权由车场调度长或事发工班的工班长承担，随着后续相关人员到达现场，现场处置指挥权移交给现场负责人；专业救援队伍的指挥职责由救援队队长担任，队长不在时由其指定胜任人员担任。

（5）处置指挥部是公司应急指挥部的现场派出机构，现场负责人原则上由到达现场职位最高的领导担任，职位相同的，由现场处置关键专业的部门负责人担任，各专业救援队和先期处置负责人为工作人员。必要时，由公司应急指挥部指定人员担任现场负责人。

八、应急信息汇报

应急信息汇报流程如下：

（1）应急信息通报渠道应确保畅通，及时通报是每位员工的责任和义务。

（2）突发事件应急信息分为预警信息和应急信息，按照《运营信息管理办法》相关规定发布、流转。

（3）突发事件报告的基本原则是：快捷、准确、直报、续报。发生或可能发生突发事件时，相关信息须立即通报OCC。突发事件发生在区间时，由司机汇报行调（非运营时间内，由现场负责人报OCC）；发生在车站时，由行车值班员或值班站长通报OCC；发生在车场时，由场调通报OCC；设备检修、巡检或施工作业过程中发生突发事件时，由施工/作业负责人通报OCC。

（4）在突发事件发生后，各单位须在第一时间向 OCC 报告如下内容：

① 呈报人的单位、姓名、职位及联络电话号码；

② 事件发生日期（月、日）、时间（时、分）；

③ 发生地点（线路、车站、上下行线、里程标等）或列车车次、车号、位置及当时车站/列车上的乘客量；

④ 事件概况，包括现象及发展态势、可能影响运营程度、人员伤亡情况、设备损坏情况及影响范围等；

⑤ 事件的起因或故障症状；

⑥ 现场情况；

⑦ 已采取的行动和请求支援事项。

九、突发事件信息汇报流程

突发事件根据对运输组织、安全秩序和服务质量的影响程度不同，分为一、二两级。当突发事件发生时，根据事件等级不同进行汇报。突发事件报送对象详见图 8-1、图 8-2，其中，一级事件必须最终电话报至中心干部；二级事件必须最终电话报至车间干部。

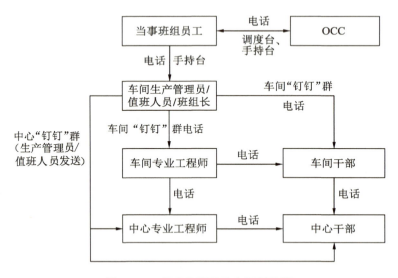

图 8-1　一级突发事件信息汇报流程

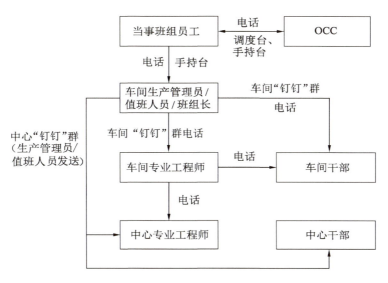

图 8-2　二级突发事件信息汇报流程

信息汇报遵循以下原则。

（一）迅速原则

（1）"钉钉"信息须由车间生产管理员/值班人员/班组长及时发出或在收到分公司信息交流群信息 3 min 内转出；车间生产运营日报由生产管理员/值班人员在次日的 8:30 前发出；运作信息由科室及各车间根据生产实际情况实时发出。

（2）突发事件信息，相关人员必须在事件发生 3 min 内按信息汇报流程报出。如遇相关人员联系不上可越级上报，确保信息能迅速传递。

（二）准确原则

突发事件汇报四要素：
（1）时间，事件发生的时、分。
（2）地点，事件发生的具体地点。
（3）人物，男、女、是否员工、年龄等。
（4）事件，简要经过及初步判断影响。

（三）真实原则

信息汇报要实事求是，未弄清楚前不能臆测，更不能为了减轻责任而弄虚作假。

（四）持续原则

突发事件的汇报不仅指事件发生的当时，随着事件处理的进展，还包括救援、处理过程及处理结果的阶段性汇报，以及恢复后的汇报。

十、抢修

（一）抢修命令的发布

（1）抢修命令由值班调度长同意，由设调向相关生产调度、车站发布抢修令。

（2）抢修的种类可待 OCC 发出抢修令后，由 OCC 再次决定。

（二）抢修作业的指挥权

抢修作业的指挥权一般由现场总指挥承担，后续人员到达后视情况移交。

（三）抢修过程中

现场总指挥负有最高指挥权，OCC、车站、配合专业负责人均在现场总指挥协调下开展配合工作。

车站配合抢修的组织原则优先级由高到低分别为：

（1）保证人员安全，做好组织疏散；

（2）保证行车安全，做好行车组织；

（3）保证客运服务，做好乘客引导；

（4）配合抢修救援，做好安全把控。

技能实训

实训 1　信息传递

1. 实训内容

信息分类、传递和事件处理流程。

2. 实训目标

熟练掌握信息分类、传递和事件处理流程。

3. 实训方法

要求学员根据信息分类、传递和事件处理流程，准确处理事件。

4. 评价标准

在实训过程中主要完成以下考核项目，如表 8-1 所示。

表 8-1　信息分类、传递和事件处理流程标准

考核项目	考核要求	分值	得分
信息分类			
A 类信息内容	火灾、爆炸、毒气突发事件；气体灭火系统误喷；人员伤亡事故；设备设施被盗、损坏事件；行车设备故障；改变闭塞方式；LOW 报警（A 类）；车站停电、漏水、水管爆裂情况；施工人员不服从车站管理事件；施工人员未按规定时间销点；线路积水或人员、异物侵限事件；设备设施故障并影响生产运作的事件；其他有必要上报的事件	5	
B 类信息内容	火警事件；LOW 报警（B 类）；车站停水；行车设备故障修复；设备设施故障，不影响生产运作的情况	5	
时间要求	A 类信息：车站应在事发或接报后 3 min 内报车间专业工程师；车间专业工程师应在接报后 3 min 内报车间领导及中心	5	
	B 类信息：车站应在事发或接报后 10 min 内报车间专业工程师	5	
信息汇报原则	信息汇报应遵循"先挂号、后续报""先专业、后行政""快报现象、慎报原因"的原则进行	5	

续表

考核项目	考核要求	分值	得分
汇报内容			
事件概况（第一步汇报）	汇报车站及汇报人职务、姓名	5	
	事件发生时间、地点（精确到站厅/台、A/B端、出入口、房间等）	5	
	对车站的影响（直观的、可明显判断的现象）	5	
	已上报的单位	5	
事件前期处理情况	车站前期采取的措施	5	
	事故的初步原因	5	
	可能造成的进一步危害	5	
	需要帮助、协调解决的问题	5	
事件后续处理情况	到场处理的相关单位（具体到分公司单位、施工单位、建设单位）	5	
	相关单位采取的应急措施（现象）	5	
	是否得到有效控制	5	
事件恢复情况	事件恢复时间	5	
	恢复结果（相关设备是否可用、故障是否恢复、紧急情况是否得到缓解、安全隐患是否排除等）	5	
信息汇报原则	一般信息逐级上报，紧急、特殊信息可在车间内越级汇报	5	
	汇报信息准确、真实、及时，各种渠道并举	5	

实训 2　行车备品使用

1. 实训内容

行车备品的存放、使用及交接作业标准。

2. 实训目标

熟练掌握行车备品的存放、使用及交接作业标准。

3. 实训方法

要求学员根据行车备品的存放、使用及交接作业标准，正确使用行车备品。

4. 评价标准

在实训过程中主要完成以下考核项目，如表 8-2 所示。

表 8-2　行车备品的存放、使用及交接作业标准

考核项目	考核要求	分值	得分
行车备品的存放	要求所有行车备品要进行整理、整顿，有序摆放，摆放的地方做到干净、清爽	5	
	行车公用物品统一存放，且要存放合理，不准乱堆、乱放。个人用品放进个人专用柜子	5	
	荧光背心、口笛、信号灯及其充电用具、手电筒及其充电用具、强力探照灯及其充电用具、无线电台、红闪灯及其充电用具、手提广播及其充电用具、调度命令等放在规定位置；行车许可证放在行车值班员随手可拿的地方；文件盒放在指定地点；防毒面具分散放在车站控制室、会议室、更衣室、站务室、站长室等房间	10	
	行车备品柜摆放在车站控制室，位置以不影响整个车站控制室美观为准	10	
	行车备品柜要有统一的标识和备品目录表，标明备品名称、数量和负责人，柜内物品要摆放整齐有序	10	
	钩锁器、手摇把、信号旗、下轨梯、拾物钳等放在站台监控亭	10	
	车站控制室开放式电源柜上摆放打印机、复印机和无线电台充电用具（固定），禁止摆放其他物品。若其他设备也需在开放式电源柜上充电时，应摆放整齐，充完电后立即收起放回备品柜	10	

续表

考核项目	考核要求	分值	得分
行车备品的使用	正确穿戴劳动保护用品	5	
	带电备品（如红闪灯）按照其使用说明提示进行使用	5	
	使用过程中，要珍惜爱护，不得随意乱扔，不得损坏。	10	
行车备品交接	每班交接班时应进行行车备品的交接，检查数量及性能及摆放状态	10	
	具体交接手续应按相关规定执行	10	

实训 3　空气呼吸器操作

1. 实训内容

空气呼吸器操作标准。

2. 实训目标

熟练掌握空气呼吸器使用前的检查方法及操作方法。

3. 实训方法

要求学员根据空气呼吸器的操作方法，正确检查及使用空气呼吸器。

4. 评价标准

在实训过程中主要完成以下考核项目，如表 8-3 所示。

表 8-3　空气呼吸器操作标准

考核项目		考核要求	分值	得分
使用前检查	检查气源压力	打开气瓶阀开关，观察高压表，要求气瓶空气压力为 25～30 MPa。如气瓶内气压不足，应到专业充气站充至规定压力	10	
	检查整机系统密闭性	打开气瓶阀开关，观察压力表读数，稍后关闭。1 min 内表示压力下降不大于 2MPa，表明系统气密良好。此过程中供气阀和旁通阀均应处于关闭状态	10	
	检查残气报警装置	打开气瓶阀开关，稍后关闭。转动供气阀旁通阀手轮缓慢排气，观察压力表指针的下降，当压力下降到 5～6 MPa 时，报警器应发出鸣笛报警信号	5	
	检查全面罩的密闭性	佩戴好全面罩，用掌心捂住面罩接口处，或在不打开气瓶阀的情况下深呼吸数次，感到呼吸困难，证明全面罩气密性良好	10	
	检查供气阀的供气情况	佩戴好全面罩，打开供气瓶阀门开关，深吸一口气，供气阀发出啪的一声，即表明打开供气。深呼吸几次检查供气阀性能，吸气和呼气都应舒畅无不适感。关闭供气阀开关，打开旁通阀开关，面罩内有气流持续供气，旁通阀关闭后持续气流终止，证明供气阀和旁通阀工作正常	10	
	检查完好状态	1. 背带和全面罩头带完全放松 2. 气瓶正确定位并牢靠地固定在背托上 3. 高压管路和中压管路无扭结或其他损坏 4. 全面罩的面窗应清洁明亮。 5. 接通快速接头，打开气瓶阀开关	10	

续表

考核项目	考核要求	分值	得分
佩戴方法	将空气呼吸器气瓶瓶底向上背在身上	10	
	将大拇指插入肩带调节带的扣中向下拉,调节到背负舒适为宜	5	
	插上塑料快速插口,腰带系紧程度以舒适和背托不摆动为宜（首次佩戴前预先调节腰带两侧的三档扣）	5	
	把下巴放入面罩,由下向上拉上头网罩,将网罩两边的松紧带拉紧,使全面罩双层密封环紧贴面部	10	
	深吸一口气将供气阀打开,呼吸几次,感觉舒适,呼吸正常后即可进入操作区作业	10	
	检查旁通阀:关闭供气阀手动开关,转动供气阀上旁通阀旋钮,检查是否有持续的气流流出,然后关闭	5	

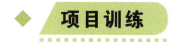

▶ 初级

填空题

1. 发生事故时,要积极采取措施,迅速抢救,以"＿＿＿＿"的原则,尽快恢复运营,尽量减少损失。

2. 运营突发事件应急预案分为＿＿＿＿、＿＿＿＿和＿＿＿＿。

3. 对二、三级安全教育考试不合格的人员,允许有＿＿＿＿次补考,补考仍不合格者,按分公司相关规定及程序处理。

▶ 中级

判断题

1. 根据事故、事件的危害及影响程度,从高到低划分为六个运营企业响应等级:Ⅰ级、Ⅱ级、Ⅲ级、Ⅳ级、Ⅴ级、Ⅵ级。(　　　)

2. 突发事件报告的基本原则是:迅速、准确、直报、续报。(　　　)

3. 造成30人及以上死亡(含失踪),或者危及50人及以上生命安全,或者100人及以上重伤(中毒),或者直接经济损失1亿元及以上,为Ⅰ级响应等级。(　　　)

▶ 高级

简答题

1. 车站配合抢修组织原则优先级由高到低排列有哪些?

2. 简述信息汇报原则。

3. 在突发事件发生后,需在第一时间向OCC报告的内容有哪些?

参考答案

项目一 项目训练

初级: 1. 对 2. 对 3. 错

中级: 1. 一 2. 集中式 3. 就地控制,就地控制

高级: 1. 广播系统(PA)、闭路电视系统(CCTV)、防淹门(FG)、乘客信息系统(PIS)、自动售检票系统(AFC)、门禁系统(ACS)、时钟系统(CLK)、火灾报警系统(FAS)、站台门/安全门(PSD)。

2. 车站级自动控制(信号系统发送开关门命令)、站台 PSL 控制、车站 IBP 控制、滑动门 LCB 控制、滑动门手动控制。

3. 防烟、排烟控制;消防泵控制;监视消防水管主要信号阀的状态;监视水喷淋系统水流指示器、水喷淋报警阀、水喷淋泵的运行状态;防火卷帘门与电动挡烟垂帘;电扶梯的控制;切除非消防电源;监控气体灭火系统;广播系统、闭路电视、火灾警铃控制;自动售检票闸机的控制;门禁的控制;站台门的控制。

项目二 项目训练

初级: 1. 错 2. 对 3. 对

中级:

1. 钢轨、轨枕与扣件、道岔、联结零件、道床、轨道加强设备

2. 转辙部分、连接部分、辙叉部分

3. 真实、准确、完整、及时

高级：

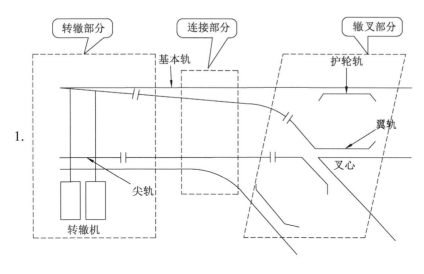

1.

2.

(1) 一看：看道岔开通位置是否正确，有无钩锁器，尖轨和基本轨之间有无异物。

(2) 二开：打开盖孔板及钩锁器和断电处的锁，拆下钩锁器并断电。

(3) 三摇：摇动道岔转向所需的位置，在听到"咔嚓"的落槽声后停止。

(4) 四确认：手指尖轨确认道岔尖轨密贴开通 X 位，口呼"道岔 X 位"并和另一人共同确认。

(5) 五加锁：另一人在确认道岔位置开通正确后，用钩锁器锁定道岔尖轨。

(6) 六汇报：向车控室汇报道岔开通位置正确。（X 号道岔开通 X 位，尖轨密贴，加锁完毕。）

3. 显示时机：

(1) 清客作业：确认清客完毕后向司机显示；

(2) 车门、屏蔽门夹人夹物：确认乘客安全或异物清除，车门（或车门、屏蔽门）关闭且该处车门与屏蔽门之间无异物后向司机显示；

(3) 屏蔽门故障：确认故障处置完毕，车门关闭且站台安全后向司机显示；

(4) 车门故障：确认故障贴纸张贴完毕后向司机显示；

(5) 车上乘客报警、晕倒、紧急解锁：确认现场乘客事务处理完毕后向司机显示。

收回时机：

（1）清客作业：车门、屏蔽门关闭后收回；

（2）车门、屏蔽门夹人夹物：司机动车或鸣笛后收回；

（3）屏蔽门故障：司机动车或鸣笛后收回；

（4）车门故障：司机动车或鸣笛后收回；

（5）车上乘客报警、晕倒、紧急解锁：车门、屏蔽门关闭后收回。

显示地点：

（1）清客作业：根据《车站清客作业程序》中"好了"信号显示要求执行；

（2）其他应急处置作业完毕后，原则上在故障（事件）发生地点显示，当司机瞭望困难时，在站台便于司机瞭望的地方显示。

项目三　项目训练

初级：1. 对　2. 对　3. 错

中级：1. D　2. A　3. C

高级：1. 违章指挥、违章作业和违反劳动纪律。

2. 懂得岗位火灾的危险性，懂得预防火灾的措施，懂得扑救火灾的方法，懂得逃生的方法（"四懂"）；会使用消防器材，会报火警，会扑救初起火灾，会组织疏散逃生（"四会"）。

3. 发生事故后，要做到事故原因没查清不放过，当事人未受到处理不放过，群众未受到教育不放过，整改措施未落实不放过。

项目四　项目训练

初级：1. 对　2. 对　3. 对

中级：1. 10 min　2. 列车之间的运行速度差异　3. 大于

高级：1. 大交路和小交路两种。

2.（1）按区间正线数目，分为单线运行图、双线运行图、单双线运行图。

（2）按列车运行速度，分为平行运行图和非平行运行图。

（3）上下行方向列车数，分为成对运行图和不成对运行图。

（4）按同方向列车运行方式，分为连发运行图和追踪运行图。

（5）按适用范围，分为工作日运行图、双休日运行图、节假日运行图。

（6）按运行图时间变量的最小单位，分为一分格运行图、二分格运行图、十分格运行图。

3. 组成要素：时间要素、数量要素。

时间要素：（1）区间运行时分；（2）停站时分；（3）折返作业时分；（4）出入库作业时分；（5）营运时间。

数量要素：（1）全日分时段客流分布；（2）列车满载率；（3）出入库能力；（4）列车最大载客量。

项目五　项目训练

初级：1. 对　2. 对　3. 错

中级：1. 一站两区间　2. 正线车站，路票　3. 行车指令

高级：1.（1）巡道、巡检人员在作业中发现隧道线路积水时，应立即报行调，行调要及时发布限速命令，司机按规定速度运行。

（2）当 $h \geqslant 150$ mm 时（h 为积水面距轨面高度，负值表示积水漫过轨面，h 值的测量，以积水最深处为准，以下同），允许列车以正常速度通过积水段。

（3）当 50 mm $\leqslant h < 150$ mm 时，允许列车按 25 km/h 速度通过积水段。

（4）当 $h < 50$ mm 时，原则上列车不准通过积水段，必须通过时，限速 15 km/h。

2.（1）道岔发生故障时；

（2）办理电话闭塞法时；

（3）行调授权车站办理时。

3.（1）闭塞车站之间相互报列车到发点。

（2）全线联锁故障时，全线有岔站向行调报列车到发点；局部联锁故障时，故障区域两端站及故障区域内有岔站向行调报列车到发点。

（3）站后折返时，列车进出折返线时无须向行调报点。

（4）启动闭塞法后，站台有车的闭塞车站向行调报首列车发点。

（5）列车到点报点时机为：列车到达站台停稳；列车发点报点时机为：列车出

清站台（车尾越过站台头端界）。

（6）闭塞区域内，中间站原则上先向后方站报到点，再向前方站报发点。

项目六　项目训练

初级：1. 15　2. 5　3. 作业区域两端及正线防护区域端点

中级：1. 对　2. 错　3. 错

高级：1.（1）组织电客车或工程车出/回场、列车转到其他线路时，运行线路两端不需要设置红闪灯。

（2）当 A1 作业区域或防护区域的一端属于尽头线或出入段场线路时，无须在该端设置红闪灯；A1 作业时正线与车场线路分界处无须设置红闪灯。

（3）全线动车作业时，无须在作业区域两端设置红闪灯防护。

2.（1）车站监管的施工及备注不得是异地销点的施工，不得办理异地销点。

（2）施工负责人（责任人）应在施工请点前向请点站提出异地销点请求。

（3）请点站接到施工负责人（责任人）异地销点请求后，请点时需向行调说明，得到行调同意后，请点站将施工权限发送至异地销点站并电话通知其做好销点准备。

（4）销点站接到异地销点通知后，在施工调度系统上确认或在《车站施工登记本》上补充填写请点信息。

（5）销点站行车值班员待销点结束后，将车站销点情况及时电话通知请点站，请点站在施工调度系统确认或在《车站施工登记本》中"现场出清情况""结束时间"和"销点人签名"栏合并填写（填写内容为：接××站行车值班员×××电话注销，××:××施工结束，人员工具清、设备正常）。

（6）其他情况，车站让其联系 OCC，车站听从 OCC 命令执行。

3.（1）最后一趟列车出清作业区域为两站两区间。

（2）作业区域内没有其他 A1、A2 类施工安排。

（3）供电要求（实时供电状态和地线状态）达到施工供电条件。

项目七 项目训练

初级： 1. 运营紧急救灾信息优先使用　2. LCD、LED　3. 30

中级： 1. 对　2. 对　3. 对

高级： 1. PIS 的信息发布时机：列车延误 10 min 及以上时，OCC 及时告知车站列车延误原因，同时 PIS 信息（在系统上以预案模板方式或临时信息方式）由 OCC 滚动发布。当发生紧急情况或列车延误超过 20 min 时，由 OCC 全屏发布。

发布范围：预计列车延误 10~20 min 时，仅在故障线路各车站、列车发布；预计列车延误 20 min 及以上或启动应急公交接驳时，在线网各车站、列车发布。

2.（1）如失主前往车站寻找遗失物品，车站根据乘客提供的物品信息，对车站拾遗物品信息进行查询，确认是否有相符物品，如有相符物品，经确认后，在拾遗物品平台中办理拾遗物品的返还登记工作，将物品交还认领人。

（2）如车站拾遗物品信息中没有相符拾遗物品的登记，车站可利用拾遗物品平台查询其他车站是否有相符物品，如有相符物品，告知乘客到相应拾遗车站认领。

（3）如车站未查询到失主所要寻找的物品信息登记，车站工作人员在安抚失主的同时，留下失主的联系方式，并告知失主车站会继续帮助其寻找，如有线索会在第一时间通知失主认领。

（4）如拾遗物品超过一年无人认领且被处理时，由处理部门自处理当日起两个工作日内在拾遗物品管理平台中对相关信息进行闭环处理，移交当日相关监督部门到场并在移交清单上签字确认。

3.（1）车站如拾到贵重物品或有"特快专递""挂号""机密""绝密"等字样的信（文）件、图纸、重要证件，需放入车站保险箱做好保管、交接。

（2）对于易腐烂变质的物品，车站应在条件允许情况下做好必要的保管；对未能及时找到失主认领的易腐烂变质物品，可由当班值班站长登记后予以处理。

项目八 项目训练

初级： 1. 先通后复　2. 总体应急预案、专项应急预案、现场处置方案　3. 1

中级： 1. 对　2. 错　3. 对

高级：1.（1）保证人员安全、做好组织疏散；

（2）保证行车安全、做好行车组织；

（3）保证客运服务、做好乘客引导；

（4）配合抢修救援、做好安全把控。

2. 迅速原则、准确原则、真实原则、持续原则。

3.（1）呈报人的单位、姓名、职位及联络电话号码；

（2）事件发生日期（月、日）、时间（时、分）；

（3）发生地点（线路、车站、上下行线、里程标等）或列车车次、车号、位置及当时车站/列车上的乘客量；

（4）事件概况，包括现象及发展态势、可能影响运营程度、人员伤亡情况、设备损坏情况及影响范围；

（5）事件的起因或故障症状；

（6）现场情况；

（7）已采取的行动和请求支援事项。

附录　部分专业术语对照表

ABCU	Air Brake Control Unit 空气制动单元
AC	Alternating Current 交流电
ACS	Access Control System 门禁系统
AFC	Automatic Fare Collection system 自动售检票系统
ALM	Alarm system 通信集中告警系统
AM	Automatic Mode 自动列车运行模式
AP	Access Point 无线接入点
ATC	Automatic Train Control 列车自动控制
ATO	Automatic Train Operation 列车自动驾驶
ATP	Automatic Train Protection 列车自动防护
ATR	Automatic Train Regulation 列车自动调整
ATS	Automatic Train Supervision 列车自动监控
BAS	Building Automatic System 环境与设备自动监控系统
CAM	Creep Automatic Mode 蠕动模式
CATS	Communication and Tracking System 应用服务器
CBI	Computer Based Interlocking 计算机联锁
CBTC	Communication Based on Train Control system 基于通信的列车控制系统
CCTV	Closed Circuit Television 闭路电视监视器
CISCS	Central Integrated Supervision Control System 中央综合监控系统
CLK	Closed Loop Controller 时钟系统
CTC	Continuous Train Control 连续式列车控制
DC	Direct Current 直流电
DISCS	Depot Integrated Supervision Control System 场段综合监控系统
DTO	Driverless Train Operation 有人值守的无人自动驾驶
DTRO	Driverless Train Reversal Operation 有人值守的无人自动折返驾驶
EMP	Emergency Stop Plunger 紧急停车按钮

续表

FAM	Fully-Automatic Train Operating Mode 全自动运行模式
FAS	Fire Alarm System 火灾报警系统
FG	Flood Gate 防淹门
FRM	Remote Restricted Train Operating Mode 远程限制运行模式
GW	Grounded Water Temperature Monitoring System 感温光纤系统
HMI	Human Machine Interface 人机界面/车载信号屏
HSOB	High Speed Operation Breaker 高速断路器
IBP	Integrated Backup Panel 综合后备盘
ISCS	Integrated Supervision Control System 综合监控系统
ITC	Intermittent Train Control 点式列车控制
LCB	Local Control Box 就地控制盒
LEU	Lineside Electronic Unit 地面电子单元
LHMI	Local Human Machine Interface 本地人机操作界面
LOW	Local Operator Workstation 本地操作工作站
M	Motor Car 不带受电弓的动车
MMI	Man-Machine Interface 人机界面/司机显示器
Mp	Motor Car With Pantograph 带受电弓的动车
NCC	Network Control Center 轨道交通线网指挥中心
NRM	Non Restrictricted Train Operation Mode 非限制人工驾驶模式
OBCU	On-Board Control Unit 车载控制单元
OCC	Operation Control Center 运营控制中心
ODBP	Operation Door Button in Platform 站台操作车门按钮
PA	Public Address System 广播系统
PDI	Platform Departure Indicator 站台发车指示器
PIS	Passenger Information System 乘客信息系统
PSCADA	Power Supervision Control And Data Acquisition 电力监控系统
PSC	Programable System Controller 中央控制盘
PSD	Platform Screen Door 站台门
PSL	Platform Side Lettering Control Panel 端头控制盘
RAUZ	Run Authorization Zone 运行授权区域
RM	Restricted Manual Driving Mode 限速性人工驾驶模式
SICAS	西门子信号系统

续表

SIG	Signal System 信号系统
SISCS	Station Integrated Supervision Control System 车站综合监控系统
SM	Supervised Manual Mode 列车运行监督模式
SPKS	Selective Protection of Key Sections 信号封锁
SPKS	Staff Protection Key Switch 人员防护开关
T	Trailer 无司机室拖车
Tc	Trailer Car 带司机室拖车
TCMS	Train Control Management System 列车控制管理系统
TGI	Train Graph Indication 列车运行图
TMM	Train Movement Monitoring 列车运行监视
TMS	Training Management System 培训管理系统
Trainguard MT	Siemens Moving Block based ATC System 西门子基于移动闭塞的 ATC 系统
TSR	Temporary Speed Restriction 临时限速
UTO	Unattended Train Operation 无人值守的全自动运行
VCU	Vehicle Control Unit 车辆控制单元
400M/800M	400/800MHz 无线手持台